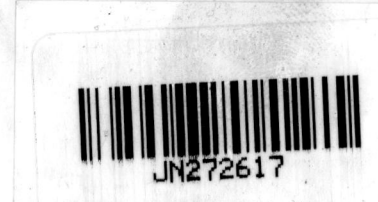

常用漢字表の主な改定点

下記は漢字検定2級以下で受験に必要な要点だけをまとめたものです。数字は漢字の配当級で、カタカナは音読み、ひらがなは訓読みを表します。

字種の削除

〈2・準2〉 勺シャク 錘スイ-つむ 銑セン 脹チョウ 匁もんめ

〈3〉 脹チョウ

音訓の変更

〈7〉 側がわ-かわ

音訓の追加

〈2・準2〉 臭にお-う 逝い-く 拙つたな-い 癒い-える 癒い-やす
滑コツ 伸の-べる 粋いき 振ふ-れる 描か-く 絡から-める
鑑かんが-みる 旬シュン
私わたし 創つく-る
応こた-える 混こ-む 務つと-まる

〈7〉 関かか-わる 要かなめ 類たぐ-い

〈8〉 委ゆだ-ねる 育はぐく-む 館やかた 全すべ-て 速はや-まる

〈10〉 〜中ジュウ（一年中イチネンジュウ）

音訓の削除

〈2・準2〉 畝セ 浦ホ

〈4〉 疲つか-らす

熟字訓・当て字の変更

居士こじ 五月さつき 母かあさん 父とうさん 海女あま・海士あま

熟字訓・当て字の追加

鍛冶かじ 固唾かたず 尻尾しっぽ 老舗しにせ 真面目まじめ 弥生やよい

完全対策！ 漢字検定
模擬試験問題集

常用漢字表の主な改定点

平成22年11月に新しい常用漢字表が内閣告示されました。196字が新たに常用漢字に追加され、５字が削除されました。

日本漢字能力検定協会は、検定試験の審査基準を見直し、平成24年度第１回（6月）から新しい審査基準に基づいて検定試験を実施することになりました。

本書では、新しい審査基準に対応できるよう追加・削除・変更を明示しました。

日本漢字能力検定協会ホームページ
http://www.kanken.or.jp/
・メールフォームでのお問い合わせ
http://www.kanken.or.jp/otoiawase/
・電話でのお問い合わせ
0120－509－315（無料）
月～金　9：00～17：00（祝日・年末年始を除く）
※検定日とその前日にあたる土、日は窓口を開設
※検定日・申込締切日は9：00～18：00

駿河台出版社

完全対策!

漢字検定

模擬試験問題集

準2級

大阪市立大学名誉教授
大内田 三郎 著

駿河台出版社

まえがき

本書は、日本漢字能力検定協会が実施している漢字検定試験の合格を目指す受験者のために、その準備と対策ができるように編集した模擬試験問題集です。

平成四年に当時の文部省（現 文部科学省）から検定試験が認可されて以来、志願者数が年々増加し、平成二〇年には二八〇万人を超えたといいます。その志願者数急増の背景には、国民の漢字に対する興味や関心が高まり、自分の漢字能力を客観的な評価基準で試したいと考えているからでしょう。漢字検定の社会的な評価が高まるにつれて、学校や企業などの団体受験も増えています。学校では、合格者は大学受験や高校受験で優遇される制度が広がりつつあり、企業では、社員が合格すると有資格者として優遇されるなどの利点があります。

本書は、これから受験しようとしている受験者のための問題集ですので、受験前にまず本書を参考に自分の実力をチェックし、自分の弱点がどこにあるかを確認し、それを克服するように心掛けてください。

多くの受験者が本書を利用して、受験する級に合格されんことを心から願っています。

最後になりましたが、本書の刊行にあたり、社長の井田洋二氏と編集部の猪腰くるみ氏に多大の協力をいただきました。心から謝意を表します。

九月一日

著　者

目次

（三）模擬試験

別冊

（一）試験実施要項

１ 受験資格

制限はありません。検定時間が異なれば４つの級まで受験できます。受験には個人受験と団体受験があります。

２ 実施級

１級　準１級　２級　準２級　３級　４級
５級　６級　７級　８級　９級　10級

３ 検定実施日

検定実施日は、原則として毎年
第１回　６月中の日曜日
第２回　10月中の日曜日
第３回　翌年１月か２月の日曜日

４ 検定会場

全国主要都市約１８０か所（願書に記載されている）

５ 検定時間

準２級は60分

６ 検定料

検定料は変更されることがあるので、日本漢字能力検定協会のホームページ（http://www.kanken.or.jp/）で最新情報を確認してください。

７ 合格基準と合否の通知

合格の目安は正解率70％程度です。２００点満点ですから、１４０点以上取れば合格の可能性があります。

検定の約40日後を目安に、合格者には合格証書、合格証明書と検定結果通知が、不合格者には検定結果通知が郵送されます。

8 申込方法

1 取扱書店（大学生協を含む）

取扱書店で願書を入手し、書店で検定料を支払う。必要事項を記入した願書と書店払込証書を日本漢字能力検定協会に送付すると、受験票が届く。

2 郵送

日本漢字能力検定協会に願書を請求して必要事項を記入後、検定料を添えて協会に現金書留で送ると、受験票が届く。

3 インターネット

http://www.kanken.or.jp/

日本漢字能力検定協会ホームページにアクセスし、必要事項を入力。検定料を支払うと、受験票が届く。

4 携帯電話

http://www.kentei.co.jp/

Web検定onラインにアクセスし、必要事項を入力。払込用紙が送付されてくるので、検定料を支払うと、受験票が届く。

ほかにも、セブン-イレブン、ローソンからも申し込み可能。

9 問い合わせ先

財団法人　日本漢字能力検定協会

〈京都本部〉〒600-8585

京都市下京区烏丸通松原下る五条烏丸町398

TEL：075-352-8300

FAX：075-352-8310

〈東京事務所〉〒100-0004

東京都千代田区大手町2-1-1

大手町野村ビル

TEL：03-5205-0333

FAX：03-5205-0331

電子メール　info01@kanken.or.jp

(二) 出題傾向と学習ポイント

(一) 漢字の読み

準2級の出題対象となる漢字は、準2級配当漢字３３７字（2級と共通）が中心で、小学校で習う教育漢字１００６字のうち中学校で習う読み２０５字が含まれます。これらの漢字に対する知識を深め、文章の中で果たしている役割を正しく理解する必要があります。

この分野は、短文中の漢字の音読みと訓読みを答える問題です。出題は準2級配当漢字３３７字が中心ですが、特殊な読み、熟字訓、当て字も出題されますので注意が必要です。

特殊な読みとは、「雨雲」（あまぐも）、「兄弟」（きょうだい）、「留守」（るす）、「酒屋」（さかや）のような「常用漢字表」で示された特別のもの、または用法のごく狭い音訓です。

熟字訓、当て字とは「常用漢字表」にある「付表」です。熟字訓や当て字など、主として一字一字の音訓として挙げにくいものを語の形で示したものです。例えば、「明日」（あす）、「景色」（けしき）、「時計」（とけい）、「部屋」（へや）などです。

最近の出題傾向として、二字熟語の音読みが約３分の２、一字の訓読みが約３分の１出題されます。

(二) 部首

この分野は、問題となる漢字は主に準2級配当漢字３３７字から出題されますが、その漢字の部首を書く問題です。出題傾向として、わかりやすい一般的な漢字よりは部首の判別が難しい漢字がよく選ばれます。また、漢字自体が部首の漢字も出題されますので注意しましょう。例えば、「缶」「斉」「麻」「竜」などがそうです。

(三) 同音・同訓異字

この分野は、３組の短文中にある同じ読みで異なる漢字を選択肢の中から選んで答える問題です。問題の漢字は準２級配当漢字３３７字が中心です。出題傾向として同音異字が主に出題されますが、一部同訓異字も含まれますので注意が必要です。

　また、㈠のように特別な読みや熟字訓、当て字などもいくつか出題されることがあります。

㈣ 熟語の構成

　この分野は、二字熟語を構成する二字の漢字が、次に示す「ア～オ」の５つの分類のうち、どの関係で結び付いているのかを問う問題です。

（ア）同じような意味の漢字を重ねたもの
　（例：道路）
（イ）反対または対応の意味を表す字を重ねたもの
　（例：前後）
（ウ）上の字が下の字を修飾しているもの
　（例：紅葉）
（エ）下の字が上の字の目的語・補語になっているもの
　（例：育児）
（オ）上の字が下の字の意味を打ち消しているもの
　（例：無害）

㈤ 漢字の識別

　この分野は、３つの空欄に共通する漢字を選択肢の中から選んで熟語を完成させる問題です。選択する漢字は必ずしも同じ読みとは限らず、訓読みの場合もありますので注意が必要です。

（例）鬼才（きさい）　鬼神（きしん）　赤鬼（あかおに）

㈥ 対義語・類義語

　この分野は、対義語・類義語が出題され、その問題の熟語に対して熟語の二字が空欄になっていて、そこにあてはまる適当な語（ひらがな）を選択肢の中から選んで漢字に直す問題です。

　対義語・類義語も熟語の知識として大切なものです。対義語にはその組み合わせに共通する字がある「主観―客観」「有名―無名」のようなものと、「原因―結果」「理想―現実」のように共通する字がなく正反対ではないが対の関係にあるものがあります。

したがって、対義語は二字熟語の組み合わせに注意して覚えると効果的です。

類義語は対義語と異なり、意味が似ていても用い方が違うなどの幅広い熟語が含まれます。そのため一つの熟語に対して「判断」「決断」「決定」「断定」「判定」「予断」のように類義語が多数あるものもあります。したがって、類義語を覚えることは語い力を確実に高める効果があります。

(七) 送りがな

この分野は、短文中のカタカナの部分を漢字一字と送りがなに直して書く問題です。準2級配当漢字337字を書かせる問題です。

送りがなとは、漢字の誤読、難読のおそれがないように、漢字の次に添えるかなのことです。送りがなの付け方は「送り仮名の付け方」によりますので、基本的な原則を覚えておきましょう。

送りがなの主な原則

本則を基本として押さえる必要がありますが、例外は本則によらないものですので、特に注意しましょう。

（1）活用がある語は、活用語尾を送る。
書く　催す　生きる　考える　賢い　荒い
［例外］
語幹が「し」で終わる形容詞は「し」から送る。
恋しい　珍しい　著しい
活用語尾の前に「か」「やか」「らか」を含む形容動詞は、その音節から送る。
静かだ　穏やかだ　明らかだ

（2）副詞・連体詞・接続詞は最後の音節を送る。
必ず　更に　既に　再び　全く　最も
［例外］
大いに　直ちに　並びに　若しくは

(八) 四字熟語

この分野は、四字熟語を構成する漢字のうち一字が空欄になっていて、そこにあてはまる語（ひらがな）を選択肢から選んで漢字に直し、四字熟語を完成させる問題です。四字熟語に出題されるのは主に故事成語および一般用語です。故事成語は「一触即発」「危機一髪」「喜怒哀楽」などのように中国の古典に由来するものが多い。そのほかに、「技術革新」「景気対策」「学習意欲」など一般用語の四字熟語も多く出題されますので、新聞、雑誌などを読み意味を調べる習慣をつけましょう。

㈨ 誤字訂正

この分野は、文中で間違って使われている漢字一字を正しい漢字に書き直す問題です。誤字として使われるのは準2級までの配当漢字で、訂正字として用いられるのは多くは4級以下の漢字です。

㈠ 同じ読みで「つくり」が共通で、字形がよく似ているもの。

鋼・綱（こう）　倹・検・険（けん）

(2) 同じ音読みで字形が異なるもの。

超・跳・張・長・挑・脹・聴・徴・頂（ちょう）

㈩ 漢字の書き取り

この分野は、短文中のカタカナを漢字に直す問題です。実際に書くのは4級以下の漢字で、音読み、訓読み、特別な読み、熟字訓、当て字などがすべて正しく書けることが求められます。漢字は、「止める・跳ねる」「突き出す・突き出さない」「つける・はなす」「画の長短」など正しい筆順で明確に書く必要があります。くずした漢字や乱雑な書き方は採点の対象になりませんので特に注意しましょう。

(三) 模擬試験

第1回 模擬試験

試験時間 60分

合格基準 140点

得点 /200点

(一)

次の――線の漢字の読みをひらがなで記せ。

30点 1×30

1 **寛容**の精神で事に臨む。
2 **過疎**の山村を取材する。
3 洪水の後に**疫病**が広がる。
4 交渉相手と**誓約**をかわす。
5 天皇の**詔書**が発表される。
6 現代社会の状況を**分析**する。
7 月刊誌の定期**購読**を始める。
8 昨夜から**一睡**もしていない。
9 古今東西の書籍を**渉猟**する。
10 古墳時代の**石棺**が発見された。
11 火薬を使って岩石を**破砕**する。
12 **不浄**な金ならば受け取れない。
13 海辺の景勝地に**別荘**を建てる。

(二)

次の漢字の部首を記せ。

〈例〉草（艹）

10点 1×10

1 竜
2 騰
3 貞
4 邸
5 勅
6 裁
7 斎
8 且
9 肢
10 碁

(三)

次の――線のカタカナにあてはまる漢字をそれぞれのア～オから一つ選び、記号を記せ。

30点 2×15

1 決勝戦で苦**ハイ**をなめる。
2 組織の**ハイ**合を検討する。
3 障害物を**ハイ**除して進む。

（ア 廃　イ 背　ウ 排　エ 拝　オ 杯）

14 問題の**核心**をついた質問をする。（　）
15 **丁寧**な文字に人柄が表れている。（　）
16 事故の被害者に**補償金**を支払う。（　）
17 体操選手は**平衡**感覚が優れている。（　）
18 計画が実現するかどうか**懸念**する。（　）
19 **拙稿**を送りますのでご検討ください。（　）
20 授業料を滞納していたら**督促**された。（　）
21 白髪の**老翁**が庭園内を散策している。（　）
22 事業資金として銀行から**融資**を受ける。（　）
23 公園で**誘拐**された少女が無事保護された。（　）
24 来客を**懇**ろにもてなす。（　）
25 暴風に行く手を**拒**まれる。（　）
26 つつじの**挿**し木が根付いた。（　）
27 本の間にしおりを**挟**んでおく。（　）
28 **蚊**の鳴くような声でものを言う。（　）
29 関東地方に台風が上陸する**虞**がある。（　）
30 当ホテルではこの部屋からの**眺**めが最もよい。（　）

---

4 新聞を**ケイ**続して購読する。（　）
5 彼の我慢強さには**ケイ**服する。（　）
6 事業拡大に全力を**ケイ**注する。（　）
（ア 渓　イ 敬　ウ 蛍　エ 傾　オ 継）

7 人工の**カン**味料を用いる。（　）
8 湖を**カン**拓して農地にする。（　）
9 季**カン**の文芸誌を購読する。（　）
（ア 刊　イ 甘　ウ 汗　エ 完　オ 干）

10 核兵器廃絶の**キ**運が高まる。（　）
11 建築現場で作業の指**キ**をとる。（　）
12 コンピューターは文明の利**キ**だ。（　）
（ア 器　イ 幾　ウ 貴　エ 機　オ 揮）

13 砂浜をはだしで**カ**ける。（　）
14 レースに賞金を**カ**ける。（　）
15 壁にカレンダーを**カ**ける。（　）
（ア 駆　イ 代　ウ 掛　エ 欠　オ 懸）

(四)

熟語の構成のしかたには次のようなものがある。

20点 2×10

- ア 同じような意味の漢字を重ねたもの　（**道路**）
- イ 反対または対応の意味を表す字を重ねたもの　（**前後**）
- ウ 上の字が下の字を修飾しているもの　（**紅葉**）
- エ 下の字が上の字の目的語・補語になっているもの　（**育児**）
- オ 上の字が下の字の意味を打ち消しているもの　（**無害**）

次の**熟語**は、右の**ア～オ**のどれにあたるか、**一つ**選び、**記号**で記せ。

1 確率（　　）
2 訪問（　　）
3 採決（　　）
4 主従（　　）
5 親善（　　）
6 登頂（　　）
7 許容（　　）
8 補強（　　）
9 非凡（　　）
10 軽率（　　）

(六)

後の□の中の語を一度だけ使って**漢字**に直し、**対義語・類義語**を記せ。

20点 2×10

対義語

併合―（　1　）
発端―（　2　）
促進―（　3　）
負債―（　4　）
冒頭―（　5　）

類義語

喜悦―（　6　）
頑健―（　7　）
核心―（　8　）
架空―（　9　）
円満―（　10　）

(五)

1～5の三つの□に**共通する漢字**を入れて熟語を作れ。漢字は**ア～コ**から**一つ**選び、**記号**を記せ。

10点
2×5

1 □集・□入・□成 （　　）

2 □給・増□・□強 （　　）

3 秘□・□約・親□ （　　）

4 急□・激□・義□ （　　）

5 □約・加□・□友 （　　）

ア 務	イ 担	ウ 査	エ 補	オ 密
カ 政	キ 供	ク 編	ケ 試	コ 盟

しさん・けつまつ・ゆかい・きょこう・ぶんかつ・よくせい・まつび・くっきょう・こんかん・おんけん

(七)

次の――線の**カタカナ**を**漢字一字と送りがな（ひらがな）**に直せ。

〈例〉誕生日に友達を<u>ヨブ</u>。（呼ぶ）

10点
2×5

1 バッグに衣類を**ツメル**。 （　　）

2 大臣が事故現場に**オモムク**。 （　　）

3 食べ過ぎておなかを**コワス**。 （　　）

4 バケツの水を頭から**アビセル**。 （　　）

5 交通事故の相手の運転手を**ウッタエル**。 （　　）

(八)

後の□内のひらがなを、一度だけ使い、**漢字**に直して（　）に入れ、**四字熟語**を完成せよ。

20点　2×10

1 千客万（　）

2 自（　）自答

3 （　）行錯誤

4 絶体（　）命

5 一期一（　）

6 四（　）時中

7 自（　）奔放

8 初志貫（　）

9 驚（　）動地

10 前人（　）到

し・ろく・てん・らい・え・てつ・もん・ぜつ・ゆう・み

(十)

次の——線の**カタカナ**を**漢字**に直せ。

40点　2×20

1 彼は行動が**カンマン**だ。（　　）

2 彼の**ヒトガラ**は申し分ない。（　　）

3 **カンコク**に従って退職する。（　　）

4 すりを現行犯で**タイホ**する。（　　）

5 新聞を**ケイゾク**して購読する。（　　）

6 出版社に随筆を**キコウ**する。（　　）

7 **ビリョク**ながら協力いたします。（　　）

8 山海の**チンミ**を並べてもてなす。（　　）

9 相手の**レイタン**な態度に失望する。（　　）

10 うるしに触って**ヒフ**がかぶれる。（　　）

(九) 次の各文にまちがって使われている**同じ読みの漢字**が**一字**ある。**上に誤字**を、**下に正しい漢字**を記せ。

10点 2×5

1 この業界には俳他的な商習慣が色濃く残っている。（　・　）

2 世界的な企業への成長をめざして海外の支店網を拡重する。（　・　）

3 自治体と大学が共採して、縄文遺跡についてのシンポジウムを開く。（　・　）

4 商店街や郡部の加疎化にみられるように地方経済は疲弊している。（　・　）

5 今の小選挙区制を改め、一選挙区から復数の人間を選ぶ制度にすべきだ。（　・　）

---

11 京都の**メイカ**をおみやげに頂く。（　　）

12 親友に向かって**シンジョウ**を吐露する。（　　）

13 思想の自由を**オカ**す。（　　）

14 春雨に**ケム**る湖を描く。（　　）

15 研究が**カベ**に突き当たる。（　　）

16 犯人の逃走先に**アミ**を張る。（　　）

17 シャワーを浴びて**アセ**を流す。（　　）

18 職を求めて世間を**ワタ**り歩く。（　　）

19 月明かりを**タヨ**りに夜道を歩く。（　　）

20 高価なステレオも宝の持ち**グサ**れだ。（　　）

第2回 模擬試験

試験時間 60分

合格基準 140点

得点 /200点

(一)

次の――線の**漢字の読み**を**ひらがな**で記せ。

30点 1×30

1 語学に**堪能**な人を雇う。
2 事故で記憶を**喪失**する。
3 将来に**禍根**を残さない。
4 援助の申し出を**拒絶**する。
5 先程の発言は**撤回**します。
6 **由緒**あるお寺を拝観する。
7 海上に数隻の**艦艇**が浮かぶ。
8 **杉皮**で屋根をふいた建築物。
9 **衷心**よりお礼申し上げます。
10 今夜は**上弦**の月が出ている。
11 留学生のために**便宜**をはかる。
12 父は秘蔵の掛け軸を**披露**した。
13 金にあかして**享楽**の日々を送る。

(二)

次の漢字の**部首**を記せ。

〈例〉草（艹）

10点 1×10

1 喪
2 壮
3 駄
4 衷
5 懸
6 刃
7 昆
8 貢
9 索
10 旋

(三)

次の――線の**カタカナ**にあてはまる漢字をそれぞれの**ア～オ**から**一つ**選び、**記号**を記せ。

30点 2×15

1 動機を**ゼン**意に解釈する。
2 景気は**ゼン**次好転している。
3 山寺にこもって座**ゼン**をくむ。

（ア 禅　イ 然　ウ 善　エ 全　オ 漸）

14 この車はエンジンに**欠陥**がある。

15 彼はいつも**泰然**自若としている。

16 祖父は**生涯**を福祉事業にささげた。

17 カンガルーは**後肢**が発達している。

18 中学時代の恩師が**逝去**された。

19 こんぶやわかめなどの**海藻**を食べる。

20 人の話を**妄信**して誤った行動を起こす。

21 役員の改選をめぐって会議が**紛糾**する。

22 強力な洗剤を使って**頑固**な汚れを落とす。

23 三十年間、弁護士として**法曹界**で活躍した。

24 学生時代を**寮**で過ごす。

25 月を眺めながら酒を**酌**む。

26 かすかに**愁**いを含んだ眼差し。

27 のどの**渇**きをわき水でいやす。

28 給料日だから今日は**懐**が暖かい。

29 この仕返しにいつか**泡**を吹かしてやる。

30 絵画展への出品作品が先生に**褒**められる。

---

4 太平の**ダ**眠をむさぼる。

5 労使双方の交渉は**ダ**結した。

6 お使いの子に**ダ**賃をやる。

（ア 堕　イ 打　ウ 妥　エ 惰　オ 駄）

7 保険会社の**ショウ**外係を務める。

8 親睦会で互いに自己**ショウ**介をする。

9 幼なじみの二人は愛**ショウ**で呼び合う。

（ア 紹　イ 彰　ウ 渉　エ 奨　オ 称）

10 交通事故で記憶を**ソウ**失する。

11 婦人**ソウ**の支持を集めて当選した。

12 大きな浴**ソウ**にゆったりとつかる。

（ア 喪　イ 僧　ウ 層　エ 槽　オ 総）

13 はさみで布を**タ**つ。

14 大学を卒業して三年**タ**った。

15 私は医者に注意され酒を**タ**った。

（ア 建　イ 裁　ウ 絶　エ 経　オ 断）

(四)

熟語の構成のしかたには次のようなものがある。

20点 2×10

ア　同じような意味の漢字を重ねたもの　（**道路**）
イ　反対または対応の意味を表す字を重ねたもの　（**前後**）
ウ　上の字が下の字を修飾しているもの　（**紅葉**）
エ　下の字が上の字の目的語・補語になっているもの　（**育児**）
オ　上の字が下の字の意味を打ち消しているもの　（**無害**）

次の**熟語**は、右の**ア**～**オ**のどれにあたるか、**一つ**選び、**記号**で記せ。

1　干満　（　　）
2　即刻　（　　）
3　担任　（　　）
4　呼吸　（　　）
5　語句　（　　）
6　非常　（　　）
7　認可　（　　）
8　慈善　（　　）
9　歴訪　（　　）
10　宣誓　（　　）

(六)

後の□の中の語を一度だけ使って**漢字**に直し、**対義語・類義語**を記せ。

20点 2×10

対義語

束縛―（　　）1
延長―（　　）2
隠微―（　　）3
威圧―（　　）4
愛護―（　　）5

類義語

沿革―（　　）6
陰謀―（　　）7
遺憾―（　　）8
解雇―（　　）9
我慢―（　　）10

(五)

1〜5の三つの□に**共通する漢字**を入れて熟語を作れ。漢字は**ア〜コ**から**一つ**選び、**記号**を記せ。

10点
2×5

1 □美・俳□・□越（　　）

2 □問・探□・歴□（　　）

3 □暇・剰□・□生（　　）

4 □望・貪□・食□（　　）

5 混□・□雑・動□（　　）

ア 余	イ 困	ウ 質	エ 乱	オ 退
カ 優	キ 欲	ク 制	ケ 訪	コ 割

かいじゅう・ざんねん・かいほう・ぎゃくたい・めんしょく・たんしゅく・へんせん・けんちょ・さくりゃく・にんたい

(七)

次の——線の**カタカナ**を**漢字一字と送りがな（ひらがな）**に直せ。

〈例〉誕生日に友達を**ヨブ**。（呼ぶ）

10点
2×5

1 ひとりぼっちは**サビシイ**。（　　）

2 お客さんを笑顔で**ムカエル**。（　　）

3 家族の幸福を心から**イノル**。（　　）

4 雲がかかって急に日が**カゲッ**た。（　　）

5 テストの日がいよいよ明日に**セマル**。（　　）

(八)

後の□内のひらがなを、一度だけ使い、**漢字**に直して（　）に入れ、**四字熟語**を完成せよ。

20点
2×10

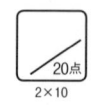

1 相思相（　）
2 沈（　）黙考
3 一望（　）里
4 中途（　）端
5 大同小（　）
6 朝令暮（　）
7 天（　）爛漫
8 猪突（　）進
9 （　）実剛健
10 徹頭徹（　）

はん・しん・あい・しっ・し・かい・もう・せん・い・び

(十)

次の――線の**カタカナ**を**漢字**に直せ。

40点
2×20

1 **コトサラ**厳しく指導する。（　）
2 静物の**ソビョウ**を練習する。（　）
3 退院後自宅で**リョウヨウ**する。（　）
4 渡り鳥が南国で**エットウ**する。（　）
5 **ロクジョウ**の部屋を間借りする。（　）
6 会社の募集**ヨウコウ**をよく読む。（　）
7 トラックで荷物を**ウンパン**する。（　）
8 難民を**シエン**する運動に加わる。（　）
9 時勢に**ソクオウ**した考え方をする。（　）
10 汚職事件の関係書類を**オウシュウ**する。（　）

第2回

(九)

次の各文にまちがって使われている**同じ読みの漢字**が**一字**ある。**上に誤字**を、**下に正しい漢字**を記せ。

10点
2×5

1 長時間の話し合いにもかかわらず交渉は決烈した。（　・　）

2 その女性は優賀な身のこなしで我々を案内してくれた。（　・　）

3 現在の中央集権は約百四十年前に構築された統持システムです。（　・　）

4 法人税減税は現下の欧州を苦しめる財制危機の原因の一つなのだ。（　・　）

5 我が国に科学や科学技術が本確的に導入されたのは明治維新後である。（　・　）

---

11 地方に伝わる人形芝居を**カンショウ**する。（　）

12 父は**カンレキ**を迎えてますます元気だ。（　）

13 休日を振り**カ**える。（　）

14 事故の巻き**ゾ**えを食う。（　）

15 桜の花びらが風に**マ**う。（　）

16 **オカ**した罪の重さにおののく。（　）

17 **カガヤ**かしい未来が待っている。（　）

18 身勝手な相手に愛想を**ツ**かす。（　）

19 **マド**うことなく上京を決意する。（　）

20 細心の注意を払って機械を**アツカ**う。（　）

第3回 模擬試験

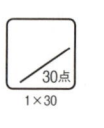

試験時間 60分

合格基準 140点

得点 /200点

（一）

次の――線の漢字の読みをひらがなで記せ。

30点 1×30

1 **共稼**ぎの家庭が増えた。
2 賃金カットに**憤慨**する。
3 宅地を**斡旋**してもらう。
4 我が党**推薦**の候補者です。
5 **殊勲**のホームランを放つ。
6 家の敷地の**坪数**をはかる。
7 保険**約款**の内容を確認する。
8 部下を**督励**して作業を急ぐ。
9 全体を**統括**する人が必要だ。
10 市内を**循環**するバスに乗る。
11 研究に必要な**文献**を集める。
12 利益の一部を社会へ**還元**する。
13 異なる分野の技術を**融合**する。

（二）

次の漢字の**部首**を記せ。

〈例〉草（艹）

10点 1×10

1 叙
2 塾
3 粛
4 剰
5 充
6 愁
7 彰
8 奨
9 肖
10 升

（三）

次の――線の**カタカナ**にあてはまる漢字をそれぞれの**ア～オ**から**一つ**選び、**記号**を記せ。

30点 2×15

1 首位から最下位に**カン**落する。
2 会長が**カン**杯の音頭をとる。
3 病院に急**カン**が運び込まれる。

（ア 患　イ 看　ウ 乾　エ 巻　オ 陥）

第3回

14 会長に退任の意向を**打診**する。（　　）
15 土地の所有権をめぐり**法廷**で争う。（　　）
16 **江戸**時代の生活について調べる。（　　）
17 一国の**宰相**としての責任は重い。（　　）
18 不本意ながら**妥協**せざるをえまい。（　　）
19 パソコンを使って書名を**検索**する。（　　）
20 外国の新聞からニュースを**抄訳**する。（　　）
21 二人の会話はまるで**禅問答**のようだ。（　　）
22 美術館の中にある**彫塑**の展示室に入る。（　　）
23 会社再建に功労のあった人が**表彰**される。（　　）
24 **靴**ひもをしっかり結ぶ。（　　）
25 炭焼きの**窯**に火を入れる。（　　）
26 彼とはどうも**肌**が合わない。（　　）
27 **唇**をとがらせて不満の意を表す。（　　）
28 岩に**砕**ける波の音が聞こえる。（　　）
29 両者の考え方には大きな**溝**がある。（　　）
30 教師は**懲**らしめるために彼をしかった。（　　）

---

4 地域の発展に**キ**与する。（　　）
5 **キ**範となる文章を参照する。（　　）
6 組織の**キ**幹となる部署で働く。（　　）
（ア 規　イ 鬼　ウ 寄　エ 飢　オ 基）

7 盆地は**カン**暑の差が激しい。（　　）
8 古墳時代の石**カン**が発見された。（　　）
9 **カン**静な郊外に家を建てて住む。（　　）
（ア 棺　イ 寒　ウ 堪　エ 款　オ 閑）

10 本物に触れて**ガン**識を養う。（　　）
11 なかなか**ガン**蓄のある文章だ。（　　）
12 洗剤で**ガン**固な汚れを落とす。（　　）
（ア 願　イ 眼　ウ 岸　エ 含　オ 頑）

13 例を**ア**げて説明する。（　　）
14 かばんを網棚に**ア**げる。（　　）
15 お正月にたこを**ア**げて遊ぶ。（　　）
（ア 挙　イ 当　ウ 編　エ 揚　オ 上）

(四)

熟語の構成のしかたには次のようなものがある。

20点 2×10

ア　同じような意味の漢字を重ねたもの　（**道路**）
イ　反対または対応の意味を表す字を重ねたもの　（**前後**）
ウ　上の字が下の字を修飾しているもの　（**紅葉**）
エ　下の字が上の字の目的語・補語になっているもの　（**育児**）
オ　上の字が下の字の意味を打ち消しているもの　（**無害**）

次の**熟語**は、右の**ア**～**オ**のどれにあたるか、**一つ**選び、**記号**で記せ。

1 保障（　　）
2 賛否（　　）
3 縦断（　　）
4 省略（　　）
5 非情（　　）

6 暖房（　　）
7 特許（　　）
8 築城（　　）
9 呼応（　　）
10 反省（　　）

(六)

後の□の中の語を一度だけ使って**漢字**に直し、**対義語**・**類義語**を記せ。

20点 2×10

対義語

1 納入―（　　）
2 破壊―（　　）
3 応諾―（　　）
4 栄達―（　　）
5 委細―（　　）

類義語

6 穏健―（　　）
7 栄光―（　　）
8 安全―（　　）
9 極意―（　　）
10 強情―（　　）

（　　）（　　）（　　）（　　）（　　）（　　）（　　）（　　）（　　）（　　）

第3回

五

1～5の三つの□に**共通する漢字**を入れて熟語を作れ。漢字は**ア～コ**から**一つ**選び、**記号**を記せ。

10点 2×5

1 □作・□富・□満（　）

2 □機・来□・□席（　）

3 閲□・観□・遊□（　）

4 □記・合□・□発（　）

5 干□・□外・交□（　）

ア 覧　イ 閑　ウ 約　エ 臨　オ 渉
カ 備　キ 訪　ク 併　ケ 留　コ 豊

けんせつ・おんこう・きょひ・ぶじ・がいりゃく・ひでん・ちょうしゅう・れいらく・めいよ・がんこ

七

次の——線の**カタカナ**を**漢字一字と送りがな（ひらがな）**に直せ。

〈例〉誕生日に友達をヨブ。（呼ぶ）

10点 2×5

1 体を動かすことを**キラウ**。（　）

2 助けを求めて大声で**サケブ**。（　）

3 草に降りた露が朝日に**カガヤク**。（　）

4 お寺にお参りすると心が**スム**。（　）

5 母の日にはカーネーションを**オクル**。（　）

(八)

後の［　］内のひらがなを、一度だけ使い、**漢字**に直して（　）に入れ、**四字熟語**を完成せよ。

20点
2×10

1 天涯（　）独

2 一（　）呵成

3 内柔外（　）

4 （　）刀直入

5 同床（　）夢

6 独断（　）行

7 美（　）麗句

8 （　）覧強記

9 （　）変地異

10 風光（　）媚

ごう・せん・こ・てん・じ・めい・き・たん・い・はく

(十)

次の――線の**カタカナ**を**漢字**に直せ。

40点
2×20

1 臨時国会を**ショウシュウ**する。（　　）

2 文章の内容を**ハアク**する。（　　）

3 宝石の**カンテイ**を依頼する。（　　）

4 彼は新進**キエイ**の政治家だ。（　　）

5 **イクタ**の困難を乗り越える。（　　）

6 大学で中国文学を**センコウ**する。（　　）

7 米中の**キョトウ**会談が行われる。（　　）

8 謝恩会の余興に**シュコウ**をこらす。（　　）

9 **ランガイ**に小さく書き込みをする。（　　）

10 同窓会誌への寄稿を**イライ**する。（　　）

㈨ 次の各文にまちがって使われている**同じ読みの漢字**が**一字**ある。**上に誤字**を、**下に正しい漢字**を記せ。

10点 2×5

1 我が社では終身雇用を複活すべきだとの意見もある。（　・　）

2 官寮を使いこなすためには大きな政策力、問題解決能力が必要だ。（　・　）

3 私が留学した九〇年代初当、日本人留学生は数ではピークだった。（　・　）

4 ここでとれた魚貝類は、缶詰に加工されて欧米に出荷されます。（　・　）

5 日本経済の発展には中国の内需を取り込むことが不加欠なのも事実です（　・　）

---

11 視聴者に**ゲイゴウ**した番組を制作する。（　）（　）

12 がけ崩れが起きて道路が**フウサ**される。（　）（　）

13 **サビ**しい山道を行く。（　）（　）

14 汗が**シズク**となって落ちる。（　）（　）

15 出された料理は**ミナ**食べた。（　）（　）

16 演芸会で日本舞踊を**オド**る。（　）（　）

17 **カタ**ひじ張らずに本音で話す。（　）（　）

18 明日はお宅へお伺い**イタ**します。（　）（　）

19 この地は山が海に**セマ**っている。（　）（　）

20 結婚の決まった妹にお祝いの品を**オク**る。（　）（　）

第4回 模擬試験

試験時間 60分

合格基準 140点

得点 /200点

(一)

次の――線の**漢字の読み**を**ひらがな**で記せ。

/30点 1×30

1 材料を十分に**吟味**する。（　）
2 リーグ戦で**覇権**を争う。（　）
3 **無償**の慈善行為を行う。（　）
4 **稚拙**な文章で恥ずかしい。（　）
5 **過酷**な労働条件に耐える。（　）
6 しょうがを**甘酢**に漬ける。（　）
7 不正を**嫌悪**する気持ちが強い。（　）
8 無実の罪で**幽囚**の身となる。（　）
9 経営状態が**漸次**改良される。（　）
10 年に一度胃の**検診**を受ける。（　）
11 都会の道路は人と車の**洪水**だ。（　）
12 これは当店**謹製**の和菓子です。（　）
13 ご承諾いただければ**幸甚**です。（　）

(二)

次の漢字の**部首**を記せ。

〈例〉草（艹）

/10点 1×10

1 繭（　）
2 享（　）
3 貢（　）
4 邸（　）
5 弊（　）
6 雰（　）
7 卑（　）
8 覇（　）
9 忍（　）
10 徹（　）

(三)

次の――線の**カタカナ**にあてはまる漢字をそれぞれの**ア～オ**から**一つ**選び、**記号**を記せ。

/30点 2×15

1 連載小説が**カン**結する。（　）
2 **カン**入りのジュースを飲む。（　）
3 毎日の積み重ねが**カン**要だ。（　）

（ア 甘　イ 缶　ウ 陥　エ 完　オ 肝）

第4回

14 あの企画は**棚上**げされたままだ。（　　）
15 論文の**抄録**を機関誌に掲載する。（　　）
16 **時宜**にかなった催し物を計画する。（　　）
17 **拙劣**な登山技術は事故につながる。（　　）
18 彼は伯爵家の**嗣子**として生まれた。（　　）
19 **少壮**の研究者として名を知られる。（　　）
20 犯人の**残忍**な性格が引き起こした事件。（　　）
21 **渓流**をさかのぼってあゆ釣りをする。（　　）
22 話し合いの結果、**妥当**な線で結論が出た。（　　）
23 展示会会場の**一隅**に即売コーナーを設ける。（　　）
24 近所づきあいが**煩**わしい。（　　）
25 きゅうりの**酢**の物をつくる。（　　）
26 父親から懇々と**諭**される。（　　）
27 殺人犯に激しい**憤**りを覚える。（　　）
28 入り**江**に小舟が泊まっている。（　　）
29 首に**縄**をつけてでも連れて帰る。（　　）
30 北国の人々は風雪に**堪**えて生きている。（　　）

---

4 混乱した事態を**シュウ**拾する。（　　）
5 死刑**シュウ**の手記が出版される。（　　）
6 新社長の**シュウ**任のあいさつを聞く。（　　）
（ア 収　イ 囚　ウ 舟　エ 就　オ 秀）

7 旅行雑誌を**キ**刊で発行する。（　　）
8 合格**キ**願の絵馬を奉納する。（　　）
9 国家の安**キ**にかかわる問題だ。（　　）
（ア 祈　イ 機　ウ 奇　エ 危　オ 季）

10 前線では激しい**ホウ**撃が続いている。（　　）
11 入院患者に付き添って介**ホウ**する。（　　）
12 眼前に銀色に輝く高**ホウ**がそびえる。（　　）
（ア 砲　イ 峰　ウ 泡　エ 俸　オ 抱）

13 次の文の**イ**を述べよ。（　　）
14 これは**イ**なことを聞く。（　　）
15 食事のあとよく**イ**がもたれる。（　　）
（ア 意　イ 医　ウ 胃　エ 為　オ 異）

(四)

熟語の構成のしかたには次のようなものがある。

20点
2×10

ア　同じような意味の漢字を重ねたもの　（**道路**）
イ　反対または対応の意味を表す字を重ねたもの　（**前後**）
ウ　上の字が下の字を修飾しているもの　（**紅葉**）
エ　下の字が上の字の目的語・補語になっているもの　（**育児**）
オ　上の字が下の字の意味を打ち消しているもの　（**無害**）

次の**熟語**は、右の**ア～オ**のどれにあたるか、**一つ**選び、**記号**で記せ。

1　難解（　　）
2　臨検（　　）
3　探訪（　　）
4　拒否（　　）
5　画策（　　）
6　視察（　　）
7　静観（　　）
8　可否（　　）
9　無謀（　　）
10　購読（　　）

(六)

後の□の中の語を一度だけ使って**漢字**に直し、**対義語・類義語**を記せ。

20点
2×10

対義語

1　独創―（　　）
2　廃止―（　　）
3　概算―（　　）
4　閑散―（　　）
5　応答―（　　）

類義語

6　顕著―（　　）
7　決着―（　　）
8　勤勉―（　　）
9　吸収―（　　）
10　克明―（　　）

(五)

1〜5の三つの□に**共通する漢字**を入れて熟語を作れ。漢字は**ア〜コ**から**一つ**選び、**記号**を記せ。

10点 2×5

1 由□・□戦・情□ （　　）

2 □身・文□・□立 （　　）

3 主□・□客・来□ （　　）

4 □者・制□・□権 （　　）

5 □底・貫□・□夜 （　　）

ア 替	イ 賓	ウ 覇	エ 途	オ 添
カ 緒	キ 徹	ク 拓	ケ 突	コ 献

せいさん・しつぎ・もほう・きけつ・せっしゅ・そんぞく・れきぜん・はんぼう・せいれい・せいさい

(七)

次の——線の**カタカナを漢字一字と送りがな（ひらがな）**に直せ。

〈例〉誕生日に友達を**ヨブ**。（呼ぶ）

10点 2×5

1 指先でピアノに**フレル**。（　　）

2 受験勉強に全力を**カタムケル**。（　　）

3 気の毒な人にお金を**メグム**。（　　）

4 天神様に試験の合格を**イノッ**た。（　　）

5 借りたCDなので丁寧に**アツカウ**。（　　）

第4回

(八)

後の□内のひらがなを、一度だけ使い、**漢字**に直して（　）に入れ、**四字熟語**を完成せよ。

20点 2×10

1 人事不（　）
2 悪（　）苦闘
3 一触（　）発
4 清（　）潔白
5 尋常一（　）
6 千載（　）遇
7 古今（　）双
8 自（　）自賛
9 晴耕雨（　）
10 （　）口同音

そく・よう・いち・せい・れん・む・どく・せん・が・い

(十)

次の――線の**カタカナ**を**漢字**に直せ。

40点 2×20

1 彼女は寒さに**ドンカン**だ。（　）
2 西の空が**シュイロ**に染まる。（　）
3 相手の立場を**コウリョ**する。（　）
4 その**コウイ**は称賛に値する。（　）
5 **ホウマン**な経営で会社が傾く。（　）
6 記者をアメリカに**ハケン**する。（　）
7 有名作家の**ギキョク**を上演する。（　）
8 弁解を聞いても**シャクゼン**としない。（　）
9 **シュビ**よく司法試験に合格する。（　）
10 完成した壁画が**ショウサン**の的となる。（　）

第4回

㈨ 次の各文にまちがって使われている**同じ読みの漢字**が**一字**ある。**上に誤字**を、**下に正しい漢字**を記せ。

10点　2×5

1 今年一年の経済動向を包活した最終見通しを提出する。（　・　）

2 日本の未来を背負う若者たちの「人づくり」こそ最も肝用である。（　・　）

3 飛行機事故の調査の結果、金属が被労していたことが分かった。（　・　）

4 歴史の真疑や事実性を検証することはあくまでも歴史家の仕事です。（　・　）

5 宇宙飛行士は宇宙から地球を見る経験をすると人生歓が変わると言われる。（　・　）

---

11 台風による大雨で**テイボウ**が決壊する。（　）

12 砂利道が**ホソウ**されて歩きやすくなる。（　）

13 釣り**フネ**で沖に出る。（　）

14 軽はずみな言動は**ツツシ**む。（　）

15 やぶ蚊に**サ**されてかゆい。（　）

16 **ト**まりがけで温泉に行く。（　）

17 部屋に**ス**き間風が吹きこむ。（　）

18 被害者の体験談に耳を**カタム**ける。（　）

19 兄の冗談に思わず**フ**き出した。（　）

20 盛んな賛辞に**ハ**じらいの色を見せる。（　）

第5回 模擬試験

試験時間 60分

合格基準 140点

得点 /200点

(一)

次の——線の漢字の読みをひらがなで記せ。

30点 1×30

1 会員の意見を**包括**する。
2 外務大臣が**更迭**された。
3 警察の**捜査**に協力する。
4 会社の収支が**均衡**を保つ。
5 研究のデータを**解析**する。
6 山上からの眺めは**壮観**だ。
7 報道の**自粛**を申し合わせる。
8 前人未到の記録に**挑戦**する。
9 **料亭**で優勝の祝賀会を催す。
10 山本氏を会長に**推薦**します。
11 昨夜は**熟睡**して疲れが取れた。
12 **下賜**された品を大切にしまう。
13 報告文を**浄書**して提出する。

(二)

次の漢字の部首を記せ。

〈例〉草（艹）

10点 1×10

1 臭
2 匂
3 嗣
4 索
5 充
6 殉
7 宵
8 肯
9 碁
10 妄

(三)

次の——線の**カタカナ**にあてはまる漢字をそれぞれの**ア～オ**から**一つ**選び、**記号**を記せ。

30点 2×15

1 仕事が円**カツ**に運ぶ。
2 記事の一部を**カツ**愛する。
3 管**カツ**の官庁に書類を提出する。

（ア 滑　イ 割　ウ 括　エ 轄　オ 喝）

14 何事もあせらず**漸進**主義で行く。（　　）

15 **書斎**に閉じこもって読書をする。（　　）

16 おごることなく**謙虚**に反省する。（　　）

17 事件を順を追って詳細に**叙述**する。（　　）

18 部屋の**隅々**まできれいに掃除する。（　　）

19 **俊敏**な頭脳と暖かな感情を併せ持つ。（　　）

20 台風のため各地で交通が**遮断**された。（　　）

21 セールスの電話が**頻繁**にかかってくる。（　　）

22 傷が完全に**治癒**するまで安静にしなさい。（　　）

23 **弊社**の製品にはすべて保証が付いております。（　　）

24 有力者を会長に**据**える。（　　）

25 **偏**った判定に不満を持つ。（　　）

26 **嫌**いな食べ物はありません。（　　）

27 部屋の**隅**に小さくなっている。（　　）

28 無名のチームを**侮**って不覚をとる。（　　）

29 優勝の**暁**には盛大な祝賀会を催そう。（　　）

30 **凸**レンズを使って日光を一点に集める。（　　）

第5回

---

4 **ショウ**像権の侵害を訴える。（　　）

5 伝統の文化を継**ショウ**する。（　　）

6 彼女は高**ショウ**な趣味の持ち主だ。（　　）

（ア承　イ沼　ウ尚　エ将　オ肖）

7 会の機関**シ**を編集する。（　　）

8 広い**シ**野で物事を考える。（　　）

9 恩**シ**を囲んで同窓会を開く。（　　）

（ア師　イ視　ウ誌　エ姿　オ詞）

10 金銭がからんだ**シュウ**悪な争い。（　　）

11 このたびはご**シュウ**傷さまです。（　　）

12 ピッチャー強**シュウ**のヒットを打つ。（　　）

（ア衆　イ愁　ウ就　エ襲　オ醜）

13 仕事を終えて帰途に**ツ**く。（　　）

14 今出れば十時には駅に**ツ**く。（　　）

15 無言電話の犯人を**ツ**き止める。（　　）

（ア積　イ着　ウ連　エ突　オ就）

㈣ **熟語の構成**のしかたには次のようなものがある。

20点（2×10）

ア　同じような意味の漢字を重ねたもの　（**道路**）
イ　反対または対応の意味を表す字を重ねたもの　（**前後**）
ウ　上の字が下の字を修飾しているもの　（**紅葉**）
エ　下の字が上の字の目的語・補語になっているもの　（**育児**）
オ　上の字が下の字の意味を打ち消しているもの　（**無害**）

次の**熟語**は、右の**ア**～**オ**のどれにあたるか、**一つ**選び、**記号**で記せ。

1　善悪　（　　）
2　異常　（　　）
3　容認　（　　）
4　講演　（　　）
5　延期　（　　）
6　論説　（　　）
7　過激　（　　）
8　無償　（　　）
9　敬服　（　　）
10　単純　（　　）

㈥ 後の□の中の語を一度だけ使って**漢字**に直し、**対義語・類義語**を記せ。

20点（2×10）

対義語

1　違反―（　　）
2　安楽―（　　）
3　暗黒―（　　）
4　開設―（　　）
5　解決―（　　）

類義語

6　興廃―（　　）
7　賢明―（　　）
8　激励―（　　）
9　許可―（　　）
10　披露―（　　）

(五)

1～5の三つの□に**共通する漢字**を入れて熟語を作れ。漢字は**ア～コ**から**一つ**選び、**記号**を記せ。

10点 2×5

1 急□・□貴・沸□　（　　）

2 □健・強□・□年　（　　）

3 探□・□察・内□　（　　）

4 □久・□揚・□然　（　　）

5 □税・地□・□借　（　　）

ア 悠	イ 祖	ウ 績	エ 壮	オ 租
カ 信	キ 偵	ク 条	ケ 騰	コ 築

くつう・ふちん・こぶ・へいさ・こうひょう・じゅんしゅ・こうみょう・ふんきゅう・りはつ・にんか

(七)

次の——線の**カタカナ**を**漢字一字と送りがな（ひらがな）**に直せ。

10点 2×5

〈例〉誕生日に友達をヨブ。（呼ぶ）

1 周りの人に気を**クバル**。　（　　）

2 お客さんを笑顔で**ムカエル**。　（　　）

3 チューリップの花が**サイ**た。　（　　）

4 冬になると肌が**アレ**やすくなる。　（　　）

5 決定はしばらく**アズカル**ことにした。　（　　）

第5回

(八)

後の［　　］内のひらがなを、一度だけ使い、**漢字**に直して（　）に入れ、**四字熟語**を完成せよ。

20点 2×10

1 縦横（　）尽

2 粗（　）粗食

3 自縄自（　）

4 （　）然自若

5 周章（　）狽

6 取捨（　）択

7 一（　）同仁

8 自暴自（　）

9 （　）製乱造

10 笑止千（　）

ばく・せん・き・む・たい・ばん・い・ろう・し・そ

(十)

次の——線の**カタカナ**を**漢字**に直せ。

40点 2×20

1 流感が**モウイ**を振るう。（　　）

2 山で**シンセン**な空気を吸う。（　　）

3 **ゴテン**のような家に住む。（　　）

4 いたずら**コゾウ**に手を焼く。（　　）

5 目標に向かって**モウシン**する。（　　）

6 意見の**ソウイ**が明らかになる。（　　）

7 登山で**ケンキャク**ぶりを発揮する。（　　）

8 該当しない欄には**シャセン**を引く。（　　）

9 約束の時間に十五分**チコク**する。（　　）

10 先生に短歌の**テンサク**をお願いする。（　　）

(九) 次の各文にまちがって使われている**同じ読みの漢字**が**一字**ある。**上に誤字**を、**下に正しい漢字**を記せ。

10点 2×5

1 地倹は証拠物件として段ボール三〇箱分の書類を押収した。 （　・　）

2 日本の高隆の原動力はハングリー精神しかないように思える。 （　・　）

3 労動人口が減少する中、一騎当千となる人材が求められている。 （　・　）

4 日本ではバブル崩壊後、開業率が廃業率を下回る状境が続いている。 （　・　）

5 日本の中央官庁の統制が強く摘切な競争による最適化が行われていない。 （　・　）

11 大型の台風が九州地方を**チョクゲキ**する。 （　　）

12 国籍不明の潜水艦が領海を**シンパン**する。 （　　）

13 会社で事務を**ト**る。 （　　）

14 進歩の**アト**がうかがえる。 （　　）

15 本を読んで知識を**タクワ**える。 （　　）

16 額にかかる**カミ**の毛を払う。 （　　）

17 貧苦との**タタカ**いに疲れはてた。 （　　）

18 **ノキ**を争うように家々が建つ。 （　　）

19 ついに彼女を**オコ**らせてしまった。 （　　）

20 不思議な**メグ**り合わせで彼と出会った。 （　　）

第6回 模擬試験

試験時間 60分

合格基準 140点

得点 /200点

(一)

次の——線の漢字の読みをひらがなで記せ。

30点 1×30

1 失敗の責任を**糾明**する。
2 国王が全軍を**統帥**する。
3 大学に高校を**併設**する。
4 友人との間が**疎遠**になる。
5 彼は小川夫妻の**嫡男**です。
6 **由緒**あるお寺を拝観する。
7 彼は貧しい**境涯**に生まれた。
8 彼は酒に酔って**醜態**を演じる。
9 **塾長**に指導方針を尋ねる。
10 その考え方には**首肯**できない。
11 自作の短歌を朗々と**吟詠**する。
12 詩の一節が心の**琴線**に触れる。
13 平安**遷都**に関する史料を調べる。

(二)

次の漢字の**部首**を記せ。

〈例〉草（艹）

10点 1×10

1 畝
2 奔
3 募
4 丙
5 賓
6 頒
7 妥
8 亭
9 寧
10 呈

(三)

次の——線の**カタカナ**にあてはまる漢字をそれぞれの**ア～オ**から**一つ**選び、**記号**を記せ。

30点 2×15

1 **ケン**譲の美徳を重んじる。
2 研究に必要な文**ケン**を集める。
3 不正を**ケン**悪する気持ちが強い。

（ア 検　イ 嫌　ウ 圏　エ 献　オ 謙）

14 彼の作品にはすぐれた**叙景歌**が多い。（　　）
15 容疑については**肯定**も否定もしない。（　　）
16 反乱軍を鎮圧せよとの**勅命**が下る。（　　）
17 寄せられた**浄財**で福祉事業を行う。（　　）
18 山道を分け入って**仙境**にたどり着く。（　　）
19 悪事が露見した裁判官が**弾劾**された。（　　）
20 連絡を密にして意思の**疎通**をはかる。（　　）
21 この地方ではしいたけの**栽培**が盛んだ。（　　）
22 **渓谷**の美しさに魅せられて各地を旅する。（　　）
23 指導者には時代を**洞察**する力が必要である。（　　）
24 ギターの**弦**をかき鳴らす。（　　）
25 得意の技に**磨**きをかける。（　　）
26 **僕**と君とは長いつきあいだ。（　　）
27 故郷をしきりに**懐**かしく思う。（　　）
28 氷を**砕**きながら北極海を進む。（　　）
29 社会奉仕をして過去の過ちを**償**う。（　　）
30 **宵**から夜半にかけて大雨になった。（　　）

---

4 発言に懐**ギ**の念を抱く。（　　）
5 税務署に虚**ギ**の申告をする。（　　）
6 留学生のために便**ギ**をはかる。（　　）
（ア 偽　イ 宜　ウ 技　エ 儀　オ 疑）

7 彼は**シン**士らしく振る舞う。（　　）
8 新刊雑誌の編集方**シン**を決める。（　　）
9 台風で多くの**シン**水家屋が出た。（　　）
（ア 浸　イ 侵　ウ 紳　エ 清　オ 針）

10 幕府が諸**コウ**を江戸に参勤させた。（　　）
11 自動車の後輪が側**コウ**にはまる。（　　）
12 週刊誌の定期**コウ**読を始める。（　　）
（ア 侯　イ 恒　ウ 洪　エ 購　オ 溝）

13 鑑賞に**タ**える作品だ。（　　）
14 恐竜は大昔に**タ**えた。（　　）
15 迫害に**タ**え力強く生きる。（　　）
（ア 絶　イ 足　ウ 耐　エ 建　オ 堪）

四

熟語の構成のしかたには次のようなものがある。

20点 2×10

ア　同じような意味の漢字を重ねたもの（**道路**）
イ　反対または対応の意味を表す字を重ねたもの（**前後**）
ウ　上の字が下の字を修飾しているもの（**紅葉**）
エ　下の字が上の字の目的語・補語になっているもの（**育児**）
オ　上の字が下の字の意味を打ち消しているもの（**無害**）

次の**熟語**は、右の**ア**～**オ**のどれにあたるか、**一つ**選び、**記号**で記せ。

1　勤続（　）
2　無効（　）
3　異同（　）
4　処理（　）
5　沈痛（　）
6　専攻（　）
7　誠実（　）
8　利己（　）
9　収支（　）
10　誕生（　）

六

後の□の中の語を一度だけ使って**漢字**に直し、**対義語・類義語**を記せ。

20点 2×10

対義語

1　汚濁―（　）
2　栄転―（　）
3　違背―（　）
4　安堵―（　）
5　軽減―（　）

類義語

6　発祥―（　）
7　踏襲―（　）
8　手柄―（　）
9　貯蔵―（　）
10　盛衰―（　）

（五）

1〜5の三つの□に**共通する漢字**を入れて熟語を作れ。漢字は**ア〜コ**から**一つ**選び、**記号**を記せ。

10点（2×5）

1 余□・□福・富□（　　）

2 □促・監□・□励（　　）

3 厳□・自□・□清（　　）

4 変□・□都・左□（　　）

5 □介・触□・□酌（　　）

ア 遷	イ 疑	ウ 督	エ 格	オ 粛
カ 許	キ 裕	ク 雑	ケ 媒	コ 識

げんしゅ・かじゅう・びちく・せいちょう・けいしょう・こうはい・させん・きぐ・きげん・こうせき

（七）

次の——線の**カタカナ**を**漢字一字と送りがな（ひらがな）**に直せ。

〈例〉誕生日に友達を**ヨブ**。（呼ぶ）

10点（2×5）

1 使者を唐の都へ**ツカワス**。（　　）

2 かばんを網棚に**ノセル**。（　　）

3 花瓶のバラの花が**カレル**。（　　）

4 祖父はつえを**タヨリ**にして歩く。（　　）

5 父はこのところ酒を**ツツシン**でいます。（　　）

第6回

(八)

後の□内のひらがなを、一度だけ使い、**漢字**に直して（　）に入れ、**四字熟語**を完成せよ。

20点　2×10

1 （　）科玉条

2 合従（　）衡

3 急転直（　）

4 権（　）術数

5 （　）言令色

6 言語（　）断

7 公（　）正大

8 玉石（　）交

9 刻（　）勉励

10 奇想（　）外

か・こう・めい・きん・こん・てん・れん・ぼう・どう・く

(十)

次の――線の**カタカナ**を**漢字**に直せ。

40点　2×20

1 **ショウソウ**の念に駆られる。（　）

2 土地を息子に**ジョウト**する。（　）

3 危険区域から**ヒナン**する。（　）

4 デモ隊が広場を**センキョ**する。（　）

5 交通事故が**ヒンパン**に起こる。（　）

6 家を**テイトウ**に入れて借金する。（　）

7 **チョウジュウ**図鑑で鳥の名を調べる。（　）

8 **ブッソウ**な世の中になったものだ。（　）

9 契約の条件が合わず**ナンギ**する。（　）

10 相手チームとの戦力を**ヒカク**する。（　）

（九）

次の各文にまちがって使われている**同じ読みの漢字**が**一字**ある。**上に誤字**を、**下に正しい漢字**を記せ。

10点 2×5

1 アメリカの中国経済への衣存度は高まるばかりである。（　・　）

2 真夏はエアコンがフルに嫁働するので電力消費量が激増する。（　・　）

3 韓国と同様にビザ免徐で中国人観光客を誘致する国も増えている。（　・　）

4 外国語能力と深い教養を身につけた国際的人財の育成こそ急務である。（　・　）

5 現代日本の政治の困迷を打開するには経済の立て直しが最優先です。（　・　）

---

11 経済が混乱し**キョウコウ**の虞がある。（　）

12 チャンピオンへの挑戦権を**カクトク**する。（　）

13 稲穂が風に**ユ**れる。（　）

14 将来に**アワ**い期待を抱く。（　）

15 彼女は**カザ**り気のない人だ。（　）

16 部屋にじゅうたんを**シ**く。（　）

17 娘夫婦と**トナ**り合わせに住む。（　）

18 楽しい時間が**マタタ**く間に過ぎた。（　）

19 草の**シゲ**みから蛇がはい出てきた。（　）

20 口頭では受け付けない**ムネ**伝えてある。（　）

第6回

第7回 模擬試験

試験時間 60分

合格基準 140点

得点 /200点

（一）

次の——線の漢字の読みをひらがなで記せ。

30点 1×30

1 あの二人は**犬猿**の仲だ。
2 全員の意見を**総括**する。
3 時代の**好尚**に合わせる。
4 **窮余**の一策が功を奏した。
5 **漠然**とした不安を感じる。
6 業界に**旋風**を巻き起こす。
7 新しい機械が**稼働**し始める。
8 消毒液でガーゼを**滅菌**する。
9 都市郊外の人口が**逓増**する。
10 **剛腹**でものごとに動じない。
11 事件の**渦中**に巻き込まれる。
12 料理に使う材料をよく**吟味**する。
13 新作映画が雑誌で**酷評**される。

（二）

次の漢字の**部首**を記せ。

〈例〉草（艹）

10点 1×10

1 曹
2 督
3 崇
4 懲
5 顕
6 繭
7 献
8 奏
9 蛍
10 勲

（三）

次の——線の**カタカナ**にあてはまる漢字をそれぞれの**ア〜オ**から**一つ**選び、**記号**を記せ。

30点 2×15

1 過**ソ**の山村を取材する。
2 遺産問題で**ソ**訟を起こす。
3 香港はイギリスの**ソ**借地だった。

（ア 訴　イ 祖　ウ 租　エ 疎　オ 素）

14 彼女は**繊細**な神経の持ち主だ。
15 長い年月の間に資料が**散逸**する。
16 **無駄**な努力はしないほうがよい。
17 あの夫人は**淑徳**の誉れ高い方だ。
18 薩長からは維新の**英傑**が輩出した。
19 みずから**実践**することで指導する。
20 社会の**秩序**を乱すような行為を慎む。
21 井戸を掘って**飢渇**に苦しむ人々を救う。
22 この学校は多くの**俊才**を輩出している。
23 明治時代の**地租**は現在では廃止されている。
24 木の**洞**に鳥が巣を作る。
25 誇大広告で消費者を**釣**る。
26 王様からほうびの品を**賜**る。
27 **宵**の明星が夜空に明るく輝く。
28 **軟**らかい話をして気分をほぐす。
29 同僚からの非難を**柳**に風と受け流す。
30 笑いかけたのに彼女は**涼**しい顔をしている。

4 展示会場へ作品を**ハン**入する。
5 彼女は**ハン**忙な毎日を送っている。
6 通信**ハン**売で羽毛布団を購入する。
（ア 搬　イ 範　ウ 販　エ 煩　オ 繁）

7 ルール違反に罰**ソク**を設ける。
8 憶**ソク**でものを言ってはいけない。
9 微妙な問題なので**ソク**断は避けたい。
（ア 即　イ 測　ウ 束　エ 則　オ 側）

10 彼は多少自信過**ジョウ**の気味がある。
11 寄せられた**ジョウ**財で福祉事業を行う。
12 遺跡から**ジョウ**文式土器が発掘された。
（ア 浄　イ 丈　ウ 畳　エ 縄　オ 剰）

13 用件が電話で**ス**む。
14 秋になって空が**ス**む。
15 結婚してアパートに**ス**む。
（ア 住　イ 吸　ウ 統　エ 澄　オ 済）

(四)

熟語の構成のしかたには次のようなものがある。

20点 2×10

ア 同じような意味の漢字を重ねたもの （**道路**）
イ 反対または対応の意味を表す字を重ねたもの （**前後**）
ウ 上の字が下の字を修飾しているもの （**紅葉**）
エ 下の字が上の字の目的語・補語になっているもの （**育児**）
オ 上の字が下の字の意味を打ち消しているもの （**無害**）

次の**熟語**は、右の**ア〜オ**のどれにあたるか、**一つ**選び、**記号**で記せ。

1 尊敬（　）
2 振興（　）
3 尊大（　）
4 従事（　）
5 無縁（　）
6 増設（　）
7 正誤（　）
8 認識（　）
9 分担（　）
10 背任（　）

(六)

後の□の中の語を一度だけ使って**漢字**に直し、**対義語・類義語**を記せ。

20点 2×10

対義語

1 歓喜—（　）（　）
2 華美—（　）（　）
3 過剰—（　）（　）
4 回避—（　）（　）
5 軽率—（　）（　）

類義語

6 尽力—（　）（　）
7 所有—（　）（　）
8 出世—（　）（　）
9 熟考—（　）（　）
10 周到—（　）（　）

（五）

1〜5の三つの□に**共通する漢字**を入れて熟語を作れ。漢字は**ア〜コ**から**一つ**選び、**記号**を記せ。

10点　2×5

1 □記・寄□・□属　（　　）

2 快□・□着・治□　（　　）

3 □才・英□・□敏　（　　）

4 稚□・□速・巧□　（　　）

5 □眠・熟□・昏□　（　　）

ア 俊	イ 制	ウ 睡	エ 種	オ 癒
カ 絶	キ 附	ク 測	ケ 拙	コ 低

しっそ・ほじ・ひあい・ちょくめん・ほんそう・しんりょ・ふそく・しんちょう・えいたつ・にゅうねん

（七）

次の――線の**カタカナ**を**漢字一字**と**送りがな（ひらがな）**に直せ。

〈例〉誕生日に友達をヨブ。（呼ぶ）

10点　2×5

1 監督とコーチを**カネル**。　（　　）

2 力を**コメ**て太鼓をたたく。　（　　）

3 急に犬にほえられて**オドロイ**た。　（　　）

4 市長に市の歴史について**ウカガッ**た。　（　　）

5 みんなの作品を集めて詩集を**アム**。　（　　）

（八）

後の[　]内のひらがなを、一度だけ使い、**漢字**に直して（　）に入れ、**四字熟語**を完成せよ。

20点
2×10

1 意気（　）喪

2 我田引（　）

3 危（　）一髪

4 意味（　）長

5 危急（　）亡

6 起（　）回生

7 喜怒哀（　）

8 画竜点（　）

9 （　）味津津

10 右往（　）往

すい・し・せい・き・そん・きょう・そ・しん・らく・さ

（十）

次の――線の**カタカナ**を**漢字**に直せ。

40点
2×20

1 相手の**キハク**に負ける。（　）

2 洪水で堤防が**ケッカイ**する。（　）

3 文章の要点を**バッスイ**する。（　）

4 人の失策を**フイチョウ**して歩く。（　）

5 役所が申請書を**キャッカ**する。（　）

6 彼の**ゼント**は洋々たるものだ。（　）

7 あまりの痛さに**アブラアセ**が出る。（　）

8 裁判は原告側の**ショウソ**となった。（　）

9 新興都市を活動の**キョテン**にする。（　）

10 故障した**カショ**を調べて修理する。（　）

(九) 次の各文にまちがって使われている**同じ読みの漢字**が**一字**ある。**上に誤字**を、**下に正しい漢字**を記せ。

10点
2×5

1 少子高齢化と政治の無策時代が長引き日本は疲閉している。（　・　）

2 外貨保有量と毎年の国内の資本蓄績量も中国が世界一である。（　・　）

3 衆議院解散は総理が日本の国益を起軸に決断されるべき事柄です。（　・　）

4 国家の役割が国民の安全確保と国土の保全にあることは自命である。（　・　）

5 経費を削減するためには、より功率的なシステムを開発する必要がある。（　・　）

---

11 水害の模様を**ショウジュツ**した記事を読む。（　）

12 警備員が深夜にビルの中を**ジュンカイ**する。（　）

13 寒さも**トウゲ**を越した。（　）

14 お客様に食事を**スス**める。（　）

15 迫害に**タ**え力強く生きる。（　）

16 **ヒマ**つぶしに映画を見に行く。（　）

17 今年の出品作は**ツブ**ぞろいだ。（　）

18 香木をたいて**カオ**りを楽しむ。（　）

19 二つの問題は切り**ハナ**して考える。（　）

20 物陰に身をひそめて危く難を**ノガ**れる。（　）

第8回 模擬試験

試験時間 60分

合格基準 140点

得点 /200点

(一)

次の——線の漢字の読みをひらがなで記せ。

30点 1×30

1 大使を本国へ**召還**する。
2 **懐疑**的な意見を述べる。
3 学歴の**詐称**が発覚する。
4 携帯電話の**充電**をする。
5 社長は**寛厚**な人物である。
6 被災地の状況を**把握**する。
7 **惰弱**な精神をたたき直す。
8 推理小説の**傑作**が誕生する。
9 彼は**裕福**な家庭に生まれる。
10 珍しい**昆虫**を採集する。
11 **慈雨**が大地の植物を育てる。
12 功労賞受賞**大慶**に存じます。
13 便利で豊かな生活を**享受**する。

(二)

次の漢字の部首を記せ。

〈例〉草（艹）

10点 1×10

1 恭
2 頑
3 款
4 患
5 覇
6 琴
7 屯
8 督
9 騰
10 麻

(三)

次の——線の**カタカナ**にあてはまる漢字をそれぞれの**ア～オ**から**一つ**選び、**記号**を記せ。

30点 2×15

1 帰宅を急ぐ道に**ハク**暮が迫る。
2 姉は親に無断で外**ハク**した。
3 **ハク**真の演技に拍手が送られる。

（ア 舶　イ 泊　ウ 伯　エ 薄　オ 迫）

14 事故の原因を詳しく**分析**する。（　　）
15 **蛍雪**の功なって博士号を得る。（　　）
16 彼は**崇高**な精神の持ち主である。（　　）
17 静かな**山荘**で夏の休暇を過ごす。（　　）
18 彼のやり方はいつも**徹底**している。（　　）
19 **銑鉄**を原料としてはがねを作る。（　　）
20 業務縮小による**剰員**を別の部署に移す。（　　）
21 相手の前にひざまずき**恭順**の意を表す。（　　）
22 業績不振が続き、社長から**一喝**される。（　　）
23 輸入される植物には厳しい**検疫**が行われる。（　　）
24 **飢**えた狼が獲物を探す。（　　）
25 相手のミスで一点**稼**いだ。（　　）
26 波の**畝**が次々と押し寄せる。（　　）
27 恥を**忍**んで秘密を打ち明ける。（　　）
28 熱があるので医者に**診**てもらう。（　　）
29 彼女は食べ物の好き嫌いが**甚**だしい。（　　）
30 **偽**の証書を見せられて信用してしまった。（　　）

4 犯人が現場から**トウ**走する。（　　）
5 **トウ**徹した論理を積み重ねる。（　　）
6 その要求は**トウ**底承服できない。（　　）
（ア 逃　イ 倒　ウ 到　エ 盗　オ 透）
7 新開地に鉄道を**フ**設する。（　　）
8 独裁的な王に畏**フ**の念を抱く。（　　）
9 平和は人類の**フ**遍的な願いだ。（　　）
（ア 浮　イ 怖　ウ 譜　エ 普　オ 敷）
10 **ヒ**岸に先祖の墓参りをする。（　　）
11 残業で心身ともに**ヒ**労する。（　　）
12 洪水で住民が学校へ**ヒ**難する。（　　）
（ア 避　イ 被　ウ 疲　エ 悲　オ 彼）
13 目の前でバスのドアが**シ**まった。（　　）
14 ニュースで事件を**シ**って驚いた。（　　）
15 勉強は**シ**いられてするものではない。（　　）
（ア 知　イ 志　ウ 死　エ 強　オ 閉）

(四)

熟語の構成のしかたには次のようなものがある。

20点　2×10

ア　同じような意味の漢字を重ねたもの　（**道路**）

イ　反対または対応の意味を表す字を重ねたもの　（**前後**）

ウ　上の字が下の字を修飾しているもの　（**紅葉**）

エ　下の字が上の字の目的語・補語になっているもの　（**育児**）

オ　上の字が下の字の意味を打ち消しているもの　（**無害**）

次の**熟語**は、右の**ア**〜**オ**のどれにあたるか、**一つ**選び、**記号**で記せ。

1　署名　（　）

2　実証　（　）

3　未満　（　）

4　提供　（　）

5　拡充　（　）

6　誠意　（　）

7　翻訳　（　）

8　収入　（　）

9　開幕　（　）

10　認証　（　）

(六)

後の□の中の語を一度だけ使って**漢字**に直し、**対義語**・**類義語**を記せ。

20点　2×10

対義語

1　軽快―（　）

2　協調―（　）

3　却下―（　）

4　寛大―（　）

5　干渉―（　）

類義語

6　思案―（　）

7　才覚―（　）

8　困苦―（　）

9　風俗―（　）

10　皮相―（　）

(五)

1～5の三つの□に**共通する漢字**を入れて熟語を作れ。漢字は**ア～コ**から**一つ**選び、**記号**を記せ。

10点 2×5

1 □実・拡□・□足　（　　）

2 □悦・□快・□楽　（　　）

3 素□・□直・純□　（　　）

4 □柄・感□・□菓　（　　）

5 年□・□給・減□　（　　）

ア 銘	イ 論	ウ 充	エ 留	オ 愉
カ 模	キ 朴	ク 博	ケ 俸	コ 素

じゅり・こうりょ・たいりつ・ほうにん・しんさん・せんぱく・そうちょう・げんかく・きてん・しゅうかん

(七)

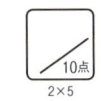

次の――線の**カタカナ**を**漢字一字と送りがな（ひらがな）**に直せ。

〈例〉誕生日に友達を<u>ヨブ</u>。（呼ぶ）

10点 2×5

1 かごから小鳥が**ニゲ**た。　（　　）

2 相手の言葉を途中で**サエギル**。　（　　）

3 自転車を**オシ**て坂をのぼる。　（　　）

4 間もなく暑い季節が**メグッ**てくる。　（　　）

5 父は一生をかけて今の地位を**キズイ**た。　（　　）

(八)

後の［　］内のひらがなを、一度だけ使い、**漢字**に直して（　）に入れ、**四字熟語**を完成せよ。

20点
2×10

1 大義名（　）

2 年（　）序列

3 （　）果応報

4 情状酌（　）

5 大（　）晩成

6 （　）千山千

7 有為転（　）

8 四（　）八達

9 軽挙（　）動

10 （　）途多難

りょう・こう・うみ・もう・つう・ぶん・いん・き・ぺん・ぜん

(十)

次の――線の**カタカナ**を**漢字**に直せ。

40点
2×20

1 遠来の客を**カンタイ**する。（　）

2 この寺は**カイリツ**が厳しい。（　）

3 地震で家屋が**トウカイ**する。（　）

4 **ジントウ**に立って指揮をとる。（　）

5 会長が**カンパイ**の音頭をとる。（　）

6 軍事**カイニュウ**の危機を回避する。（　）

7 彼の顔に**クノウ**の色が表れた。（　）

8 **テンジョウ**知らずに物価が上昇する。（　）

9 結論については**ゲンキュウ**を避ける。（　）

10 記録が伸びず、優勝**ケンガイ**に去る。（　）

(九)

次の各文にまちがって使われている**同じ読みの漢字**が**一字**ある。**上に誤字**を、**下に正しい漢字**を記せ。

10点 2×5

1 日本市場は少子高齢化の影響で縮小近衡へと向かっている。（　・　）

2 財政健全化の基本は安易な増税ではなく経済の活生化である。（　・　）

3 中国人が個人で申請する観光ビザの発給用件が大幅に緩和された。（　・　）

4 広い水田を埋め立て、千戸以上の家を建てられる住宅地に造整した。（　・　）

5 選挙戦も終番を迎え、各候補の「最後のお願い」が絶叫調になってきた。（　・　）

---

11 彼は**セイダク**併せ呑む心の広い人だ。（　　）

12 **ボンジン**にはとても考えつかない発想だ。（　　）

13 明日に希望を**イダ**く。（　　）

14 **カタ**い木材で家具を作る。（　　）

15 かんで**フク**めるように諭す。（　　）

16 妹は**アマ**いものには目がない。（　　）

17 前金として五万円**ハラ**い込む。（　　）

18 **タガ**いに相手の立場を尊重する。（　　）

19 背負い投げで**アザ**やかに一本決める。（　　）

20 友人が入院したとの報に顔を**クモ**らす。（　　）

第8回

第9回 模擬試験

試験時間 60分

合格基準 140点

得点 /200点

（一）

次の――線の漢字の読みをひらがなで記せ。

30点 1×30

1 当時の苦労を**述懐**する。
2 何事にも**悠然**と構える。
3 **海溝**の深さを調査する。
4 小学生が**木琴**を演奏する。
5 祖父の**傘寿**の祝いをする。
6 安易な同情は**偽善**だ。
7 不備な点は**逐次**改良する。
8 首相**官邸**で閣僚が話し合う。
9 山寺にこもって**座禅**をくむ。
10 **奇矯**なふるまいに驚かされる。
11 ステーキから**肉汁**がしたたる。
12 **軽症**なので入院の必要はない。
13 時代とともに**変遷**してきた風習。

（二）

次の漢字の**部首**を記せ。

〈例〉草（艹）

10点 1×10

1 宜
2 薫
3 剛
4 爵
5 愁
6 塾
7 尚
8 奨
9 叔
10 靴

（三）

次の――線の**カタカナ**にあてはまる漢字をそれぞれの**ア～オ**から**一つ**選び、**記号**を記せ。

30点 2×15

1 団員の士気を鼓**スイ**する。
2 会議の席で**スイ**魔に襲われる。
3 犯人を**スイ**理しながら小説を読む。

（ア 吹　イ 推　ウ 帥　エ 睡　オ 垂）

14 大きな**浴槽**にゆったりとつかる。

15 石油タンカーが沖合で**座礁**した。

16 子供の写真を**肌身**離さず持っている。

17 おじは北海道で**酪農**を営んでいる。

18 **胸襟**を開いて話せばわかり合える。

19 彼の作風はゴッホの**亜流**にすぎない。

20 五合**五勺**が約一リットルに相当する。

21 **恐喝**事件で住所不定の男が逮捕された。

22 この問題は入試に出題される**頻度**が高い。

23 **怠惰**な生活がすっかり身に付いてしまった。

24 北極圏単独踏破に**挑**む。

25 **蛇**に見込まれたかえる。

26 **恭**しく一礼して席に着く。

27 うるさいので耳に**栓**をする。

28 寺の裏にこけむした**塚**がある。

29 **但**し書きもよく読むように促す。

30 自分のことは**棚**に上げて人を責める。

---

4 業界に**セン**風を巻き起こす。

5 民衆を**セン**動して紛争を起こす。

6 寝る前にガスの元**セン**をしめる。

（ア 旋　イ 扇　ウ 栓　エ 染　オ 戦）

7 便利で豊かな生活を**キョウ**受する。

8 人嫌いの偏**キョウ**な性格を改める。

9 経済が混乱すると**キョウ**慌をきたす。

（ア 恐　イ 挟　ウ 享　エ 恭　オ 狭）

10 文章の中に詩を**ソウ**入する。

11 静かな山**ソウ**で夏の休暇を過ごす。

12 少**ソウ**の研究者として名を知られる。

（ア 奏　イ 倉　ウ 壮　エ 荘　オ 挿）

13 信号が青色に**カ**わった。

14 風呂の中で湯を**カ**け合う。

15 弟と公園まで**カ**けっこをする。

（ア 掛　イ 欠　ウ 変　エ 架　オ 駆）

㈣ **熟語の構成**のしかたには次のようなものがある。

20点
2×10

ア　同じような意味の漢字を重ねたもの　（**道路**）
イ　反対または対応の意味を表す字を重ねたもの　（**前後**）
ウ　上の字が下の字を修飾しているもの　（**紅葉**）
エ　下の字が上の字の目的語・補語になっているもの　（**育児**）
オ　上の字が下の字の意味を打ち消しているもの　（**無害**）

次の**熟語**は、右の**ア**～**オ**のどれにあたるか、**一つ**選び、**記号**で記せ。

1 警告（　　）
2 補遺（　　）
3 推移（　　）
4 批評（　　）
5 未納（　　）

6 博識（　　）
7 愛護（　　）
8 遅刻（　　）
9 錯誤（　　）
10 探求（　　）

㈥ 後の□の中の語を一度だけ使って**漢字**に直し、**対義語**・**類義語**を記せ。

20点
2×10

対義語

1 勤勉—（　　）（　　）
2 虚偽—（　　）（　　）
3 強制—（　　）（　　）
4 希薄—（　　）（　　）
5 簡素—（　　）（　　）

類義語

6 薄情—（　　）（　　）
7 転換—（　　）（　　）
8 沈着—（　　）（　　）
9 調停—（　　）（　　）
10 請願—（　　）（　　）

(五)

1～5の三つの□に**共通する漢字**を入れて熟語を作れ。漢字は**ア～コ**から**一つ**選び、**記号**を記せ。

10点 2×5

1 □茶・一□・□消（　）
2 普□・□歴・□在（　）
3 □高・尊□・□拝（　）
4 収□・□路・贈□（　）
5 □加・□計・□進（　）

ア 賄	イ 収	ウ 累	エ 推	オ 抹
カ 若	キ 支	ク 崇	ケ 遍	コ 降

にんい・ごうか・しんじつ・のうこう・へんかく・ちゅうさい・たいだ・れいたん・れいせい・ちんじょう

(七)

次の――線の**カタカナ**を**漢字一字と送りがな（ひらがな）**に直せ。

10点 2×5

〈例〉誕生日に友達をヨブ。（呼ぶ）

1 試合時間が十分**オクレル**。（　）
2 事実を**フマエ**て反論する。（　）
3 入学試験の発表に心が**サワグ**。（　）
4 家から駅まではかなり**ハナレ**ている。（　）
5 うれしい知らせにみんなの顔が**カガヤク**。（　）

第9回

(八)

後の［　］内のひらがなを、一度だけ使い、**漢字**に直して（　）に入れ、**四字熟語**を完成せよ。

／20点
2×10

1 （　）生大事
2 旧態（　）然
3 空前（　）後
4 （　）色蒼然
5 誠（　）誠意
6 厚顔無（　）
7 一網（　）尽
8 誇（　）妄想
9 全身（　）霊
10 枝葉末（　）

こ・ち・だい・せつ・しん・ぜつ・
い・ご・だ・ぜん

(十)

次の——線の**カタカナ**を**漢字**に直せ。

／40点
2×20

1 親の**ジバン**を受け継ぐ。（　　）
2 首相が外相を**ケンニン**する。（　　）
3 彼の発言は根拠が**ハクジャク**だ。（　　）
4 **ジンセキ**未踏の地を探検する。（　　）
5 幼なじみに**コイゴコロ**をいだく。（　　）
6 台風の**エイキョウ**で列車が遅れる。（　　）
7 論証の不備な点を**シテキ**する。（　　）
8 毎日決まった時刻に**シュウシン**する。（　　）
9 駅の**ザットウ**の中で連れを見失う。（　　）
10 彼の月収は私の年収に**ヒッテキ**する。（　　）

11 これはかなり**ニンタイ**を要する仕事だ。（　　）

12 物の値段は**ジュキュウ**の関係によって決まる。（　　）

13 事故で損害を**コウム**る。（　　）

14 贈り物に真心を**コ**める。（　　）

15 **メズラ**しく三月に大雪が降った。（　　）

16 **コ**い味付けの料理を食べる。（　　）

17 庭一面にバラの花が咲き**ホコ**る。（　　）

18 好奇心に**カ**られて商品を買う。（　　）

19 昨日は徹夜で仕事をしたので**ツカ**れた。（　　）

20 子供が大きくなって家が**セマ**くなった。（　　）

(九)

次の各文にまちがって使われている**同じ読みの漢字**が**一字**ある。**上に誤字**を、**下に正しい漢字**を記せ。

10点 2×5

1 資源の少ない国は、外国からの輸入に依存せざるを得ない。（　・　）

2 法人税律を欧州並みに下げても企業の海外進出は止まらない。（　・　）

3 私が考える秘作は地方の首長と国会議員の兼職を認めることです。（　・　）

4 今後の経済成長は底位安定が予想され税収が伸びるとは考えにくい。（　・　）

5 日本メーカーの致命的な劣勢ぶりを強烈に印象づけたのは業積の格差だった。（　・　）

第9回

第10回 模擬試験

試験時間 60分

合格基準 140点

得点 /200点

(一)

次の——線の漢字の読みをひらがなで記せ。

30点　1×30

1 自著を知人に謹呈する。
2 際涯もなく砂漠が続く。
3 結婚の媒酌の労をとる。
4 実力を遺憾なく発揮する。
5 彼女の冷たい拒絶にあう。
6 彼とは一度も交渉がない。
7 早暁に宿を出て北へ向かう。
8 今は一刻の猶予もならない。
9 代表選手が選手宣誓を行う。
10 川が平野を蛇行して流れる。
11 繭糸をつむいで絹布を織る。
12 閑静な郊外に家を建てて住む。
13 偉人の隠れた功績を顕彰する。

(二)

次の漢字の部首を記せ。

〈例〉草（艹）

10点　1×10

1 缶
2 頑
3 懲
4 弔
5 衷
6 泰
7 堕
8 妥
9 轄
10 融

(三)

次の——線のカタカナにあてはまる漢字をそれぞれのア～オから一つ選び、記号を記せ。

30点　2×15

1 我が家はケイ事つづきだ。
2 あゆはケイ流にすむ魚です。
3 研究内容をケイ統だてて説明する。

（ア 敬　イ 系　ウ 恵　エ 慶　オ 渓）

14 不正を**嫌悪**する気持ちが強い。（　　）
15 組織の中で**枢要**な位置を占める。（　　）
16 **化繊**の服はしわになりにくい。（　　）
17 要求を**貫徹**するまで引き下がらない。（　　）
18 誘拐事件解決まで報道を**自粛**する。（　　）
19 **時宜**にかなった催し物を計画する。（　　）
20 病人に**滋養**のあるものを食べさせる。（　　）
21 会社の**定款**にのっとって役員会を開く。（　　）
22 その人物は**貴人**の風格をそなえている。（　　）
23 この本は将来の生き方を**示唆**してくれる。（　　）
24 **岬**の突端に灯台がある。（　　）
25 紙を丸めて**筒**の形にする。（　　）
26 落し物を根気よく**捜**す。（　　）
27 彼は健康で、**且**つ頭もよい。（　　）
28 問い詰められて返答に**窮**する。（　　）
29 川原に捨てられた空き**缶**を拾う。（　　）
30 大雨で増水した川が**渦**を巻いている。（　　）

---

4 彼は二年前から音**シン**不通だ。（　　）
5 火山が噴火して大地が**シン**動する。（　　）
6 言論の自由を**シン**害してはいけない。（　　）
（ア 診　イ 信　ウ 寝　エ 侵　オ 震）

7 彼を次期会長に推**セン**する。（　　）
8 交渉がまとまらず**セン**延する。（　　）
9 スクリーンに**セン**明な画像が現れる。（　　）
（ア 鮮　イ 遷　ウ 繊　エ 選　オ 薦）

10 さまざまな**ショク**種を経験する。（　　）
11 虚**ショク**に満ちた生活に嫌気がさす。（　　）
12 悪徳業者が老人層に**ショク**手を伸ばす。（　　）
（ア 触　イ 飾　ウ 殖　エ 織　オ 職）

13 絵を見る目が**コ**える。（　　）
14 入場者が千人を**コ**した。（　　）
15 家を建てて郊外に**コ**す。（　　）
（ア 越　イ 故　ウ 超　エ 込　オ 肥）

(四)

熟語の構成のしかたには次のようなものがある。

20点
2×10

ア　同じような意味の漢字を重ねたもの　（道路）
イ　反対または対応の意味を表す字を重ねたもの　（前後）
ウ　上の字が下の字を修飾しているもの　（紅葉）
エ　下の字が上の字の目的語・補語になっているもの　（育児）
オ　上の字が下の字の意味を打ち消しているもの　（無害）

次の**熟語**は、右の**ア〜オ**のどれにあたるか、**一つ**選び、**記号**で記せ。

1　学識　（　　）
2　講習　（　　）
3　推進　（　　）
4　辞職　（　　）
5　未熟　（　　）

6　秘蔵　（　　）
7　接近　（　　）
8　偽善　（　　）
9　謝絶　（　　）
10　保護　（　　）

(六)

後の□の中の語を一度だけ使って漢字に直し、**対義語・類義語**を記せ。

20点
2×10

対義語

1　簡易―（　　）
2　加熱―（　　）
3　獲得―（　　）
4　充足―（　　）
5　酷評―（　　）

類義語

6　処罰―（　　）
7　重要―（　　）
8　執着―（　　）
9　細心―（　　）
10　差異―（　　）

(五)

1〜5の三つの□に**共通する漢字**を入れて熟語を作れ。漢字は**ア〜コ**から**一つ**選び、**記号**を記せ。

10点 2×5

1 □告・教□・□旨　（　）

2 同□・□友・閣□　（　）

3 □気・荒□・清□　（　）

4 □擦・研□・□滅　（　）

5 官□・□宅・別□　（　）

ア 涼	イ 雇	ウ 邸	エ 郊	オ 諭
カ 権	キ 摩	ク 遇	ケ 僚	コ 揮

そうしつ・せいさい・はんざつ・けつぼう・たいせつ・めんみつ・れいきゃく・ぜっさん・こうてい・そうい

(七)

次の――線の**カタカナ**を**漢字一字と送りがな（ひらがな）**に直せ。

10点 2×5

〈例〉誕生日に友達をヨブ。（呼ぶ）

1 あの人の観察力は**スルドイ**。（　）

2 名誉ある家の名が**ケガレル**。（　）

3 川の汚染は上流にまで**オヨン**だ。（　）

4 人の目を**ヌスン**でいたずらをする。（　）

5 学校の前に文房具を**アキナウ**店ができた。（　）

(八)

後の□内のひらがなを、一度だけ使い、**漢字**に直して（　）に入れ、**四字熟語**を完成せよ。

20点
2×10

1 公序良（　）

2 一（　）専心

3 （　）進気鋭

4 牽強（　）会

5 故事来（　）

6 感（　）無量

7 支離滅（　）

8 心（　）一転

9 荒唐（　）稽

10 賛（　）両論

しん・がい・ぞく・ふ・れつ・ぴ・い・れき・き・む

(十)

次の——線の**カタカナ**を**漢字**に直せ。

40点
2×20

1 **シハン**の風邪薬を飲む。（　　）

2 販売合戦から**ダツラク**する。（　　）

3 会社の不祥事を**インペイ**する。（　　）

4 彼女は**キュウセイ**を田中という。（　　）

5 部下の裏切りに**ゲキド**する。（　　）

6 **シンケン**に将来のことを考える。（　　）

7 新会員の**トウトツ**な発言に驚く。（　　）

8 台風で多くの**シンスイ**家屋が出た。（　　）

9 決定的**シュンカン**をカメラに収める。（　　）

10 天候が不順で二年続きの**キョウサク**だ。（　　）

九

次の各文にまちがって使われている**同じ読みの漢字**が**一字**ある。**上に誤字**を、**下に正しい漢字**を記せ。

10点 2×5

1 ドナーから提供された心臓を移殖する手術が行われた。（　・　）

2 両国首悩は、条約の大筋において意見の一致をみたと語った。（　・　）

3 国政では衆議院議員が過半数を取ればその政党が政権を獲得する。（　・　）

4 現在の中国は食糧と鋼物資源とエネルギーの消費量は世界一である。（　・　）

5 名曲喫茶でコーヒーを飲みながらクラシック音楽を観賞するのもわるくない。（　・　）

---

11 行政に対して**カンシ**の目を光らせる。（　　）

12 法律に**テイショク**するようなことは行わない。（　　）

13 期待に胸を**ハズ**ませる。（　　）

14 反対されて決心が**ニブ**る。（　　）

15 山に向かって大声で**サケ**ぶ。（　　）

16 欠席者が三分の一を**シ**めた。（　　）

17 立春を過ぎて寒さが**ウス**らぐ。（　　）

18 事件の経過を**クワ**しく説明する。（　　）

19 **ク**り言を並べても何も解決しない。（　　）

20 彼はつらくても弱音を**ハ**いたことがない。（　　）

第11回 模擬試験

試験時間 60分

合格基準 140点

得点　／200点

（一）

次の――線の漢字の読みをひらがなで記せ。

30点（1×30）

1 祭りの**余韻**が心に残る。
2 **素肌**によい石鹸を買う。
3 **仙界**に遊ぶ心地がする。
4 将来に**禍根**を残さない。
5 組織上の**欠陥**を指摘する。
6 下水の**臭気**が一面に漂う。
7 外務省が**管轄**してる機関。
8 このたびはご**愁傷**さまです。
9 **真珠**のネックレスをつける。
10 路面に**凹凸**があって危険だ。
11 税務署に**虚偽**の申告をする。
12 利益の一部を社会に**還元**する。
13 相手チームの練習を**偵察**する。

（二）

次の漢字の**部首**を記せ。

〈例〉草（艹）

10点（1×10）

1 喪
2 曹
3 壮
4 塑
5 誓
6 斉
7 畝
8 甚
9 刃
10 懇

（三）

次の――線の**カタカナ**にあてはまる漢字をそれぞれの**ア～オ**から**一つ**選び、**記号**を記せ。

30点（2×15）

1 年に一度胃の検**シン**を受ける。
2 **シン**食を忘れて研究に没頭する。
3 大切なことだから**シン**重に考える。

（ア 診　イ 紳　ウ 娠　エ 寝　オ 慎）

14 技術者の苦労のあとが**顕著**だ。
15 永年勤続者に記念品を**贈呈**する。
16 長年の**懸案**がようやく解決した。
17 世界平和に**貢献**した人をたたえる。
18 山田先生は東洋哲学の**泰斗**である。
19 美女のつややかな**紅唇**に見とれる。
20 友人に会って職場での**愚痴**をこぼす。
21 彼は音楽界の**俊秀**といわれる作曲家だ。
22 現代の政界には**傑出**した人物が少ない。
23 心身の健康のためにスポーツを**奨励**する。
24 **麻**のジャケットを買う。
25 **霜**が降って真っ白になる。
26 門松を立てる習慣が**廃**れる。
27 **謹**んでお祝いを申し上げます。
28 風**薫**る京都の野山を歌によむ。
29 **襟**を正して先輩の苦労話を聞く。
30 優勝の**暁**には盛大な祝賀会を催そう。

---

4 事故の補償額を**テイ**示する。
5 入室の際に会員証を**テイ**示する。
6 弾圧に対して必死に**テイ**抗する。
（ア 呈　イ 抵　ウ 提　エ 程　オ 底）

7 上半期の税金を**ノウ**付する。
8 墨の**ノウ**淡をうまく生かして描く。
9 すべての煩**ノウ**を断ち切って生きる。
（ア 納　イ 能　ウ 農　エ 悩　オ 濃）

10 戦後、各地で**ソウ**乱が起こった。
11 研究開始から三〇年の星**ソウ**を経た。
12 毎日無味乾**ソウ**な生活を送っている。
（ア 操　イ 装　ウ 燥　エ 騒　オ 霜）

13 犬の縄を**ト**いてやる。
14 さびたナイフを**ト**ぐ。
15 彼は美術の才能に**ト**んだ人だった。
（ア 説　イ 研　ウ 閉　エ 解　オ 富）

第11回

(四)

熟語の構成のしかたには次のようなものがある。

20点
2×10

ア　同じような意味の漢字を重ねたもの　（**道路**）
イ　反対または対応の意味を表す字を重ねたもの　（**前後**）
ウ　上の字が下の字を修飾しているもの　（**紅葉**）
エ　下の字が上の字の目的語・補語になっているもの　（**育児**）
オ　上の字が下の字の意味を打ち消しているもの　（**無害**）

次の**熟語**は、右の**ア～オ**のどれにあたるか、**一つ**選び、**記号**で記せ。

1 看病（　）
2 激情（　）
3 見識（　）
4 拡大（　）
5 臨席（　）
6 簡潔（　）
7 批評（　）
8 不振（　）
9 着眼（　）
10 厳選（　）

(六)

後の□の中の語を一度だけ使って**漢字**に直し、**対義語**・**類義語**を記せ。

20点
2×10

対義語

強情―（1）（　）
原則―（2）（　）
結合―（3）（　）
決裂―（4）（　）
充実―（5）（　）

類義語

手本―（6）（　）
無謀―（7）（　）
誠意―（8）（　）
方策―（9）（　）
返却―（10）（　）

五

1～5の三つの□に**共通する漢字**を入れて熟語を作れ。漢字は**ア～コ**から**一つ**選び、**記号**を記せ。

10点 2×5

1 砂□・□然・広□ （　　）

2 □合・金□・□資 （　　）

3 贈□・□上・露□ （　　）

4 □次・駆□・□一 （　　）

5 叙□・□章・殊□ （　　）

ア 呈	イ 棄	ウ 勲	エ 殊	オ 漠
カ 滑	キ 逐	ク 掃	ケ 融	コ 択

だけつ・れいがい・くうきょ・けいそつ・けいりゃく・じゅうじゅん・ぶんり・もはん・しょうかん・まごころ

七

次の――線の**カタカナを漢字一字と送りがな（ひらがな）**に直せ。

10点 2×5

〈例〉誕生日に友達をヨブ。（呼ぶ）

1 深い霧が山々を**カクス**。 （　　）

2 本を読んで知識を**タクワエル**。 （　　）

3 台風が来たため予定が**クルッ**た。 （　　）

4 この薬には栄養も**フクマ**れている。 （　　）

5 失敗を繰り返すまいと自分を**イマシメ**た。 （　　）

八

後の［　］内のひらがなを、一度だけ使い、**漢字**に直して（　）に入れ、**四字熟語**を完成せよ。

20点 2×10

1 神出（　）没
2 （　）中模索
3 一（　）発起
4 人跡未（　）
5 責任（　）嫁
6 （　）色兼備
7 信賞（　）罰
8 切磋琢（　）
9 終（　）一貫
10 深謀（　）慮

とう・あん・さい・き・ねん・ま・えん・てん・し・ひつ

十

次の――線の**カタカナ**を**漢字**に直せ。

40点 2×20

1 台風の**シュウライ**に備える。（　）
2 製品の販路を**カイタク**する。（　）
3 投書が雑誌に**ケイサイ**される。（　）
4 **フンショク**決算が明るみに出る。（　）
5 会場が**バクショウ**の渦に包まれる。（　）
6 **トウテツ**した論理を積み重ねる。（　）
7 計画推進の時節が**トウライ**した。（　）
8 **フクツ**の精神で難関を突破する。（　）
9 人をだますのは**ヒレツ**な行為だ。（　）
10 前の発言と**ムジュン**したことを言う。（　）

(九) 次の各文にまちがって使われている**同じ読みの漢字**が**一字**ある。**上に誤字**を、**下に正しい漢字**を記せ。

10点 2×5

1 高齢者はかつて日本のＧＮＰ向上を支える源動力であった。（　・　）

2 無計画な伐災による傷跡が、豊かな森のあちこちに見られる。（　・　）

3 インドは中国と並んで最も高い経済生長が期待される人口大国だ。（　・　）

4 台風が近づいているので、日程を巡次繰り上げて早めに終わろう。（　・　）

5 私が聞いた範囲で概要を報告しますから、漏れている点を補足してください。（　・　）

---

11 **ショハン**の事情を考慮して対策を練る。（　）

12 この陶器は作者が**タンセイ**を込めた作品だ。（　）

13 怒りに声を**フル**わせる。（　）

14 仕事の**カタワ**ら勉強をする。（　）

15 **ニ**え切らない態度をとる。（　）

16 世の中が何となく**サワ**がしい。（　）

17 世相を**ウ**き彫りにした小説。（　）

18 先輩に暑中**ウカガ**いの葉書を出す。（　）

19 前例を**フ**まえて補償の額を決定する。（　）

20 退部の理由について彼は言葉を**ニゴ**した。（　）

第11回

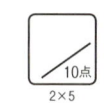

第12回 模擬試験

試験時間 60分

合格基準 140点

得点　　/200点

(一)

次の——線の漢字の読みをひらがなで記せ。

30点（1×30）

1 建国の英雄を**崇拝**する。
2 従来の**悪弊**を一掃する。
3 部屋の中に**薫香**が漂う。
4 三塁手がゴロを**後逸**した。
5 **眺望**の開けた山頂に登る。
6 為政者が**庶民**の声を聞く。
7 **懇請**されて選挙に出馬する。
8 彼は**徹底**した平和主義者だ。
9 事件の経過を**逐一**報告する。
10 貝殻で作られた**碁石**を使う。
11 幕府が**諸侯**を江戸に参勤させた。
12 彼女は**高尚**な趣味の持ち主だ。
13 他国の内政には**干渉**できない。

(二)

次の漢字の**部首**を記せ。

〈例〉草（艹）

10点（1×10）

1 摩
2 悠
3 匁
4 妄
5 磨
6 奔
7 褒
8 弊
9 累
10 慶

(三)

次の——線の**カタカナ**にあてはまる漢字をそれぞれの**ア～オ**から**一つ**選び、**記号**を記せ。

30点（2×15）

1 研究のデータを解**セキ**する。
2 人**セキ**未踏の地を探検する。
3 不正を見逃し自**セキ**の念にかられる。

（ア 績　イ 責　ウ 席　エ 析　オ 跡）

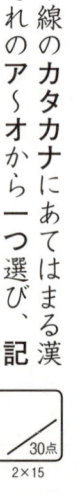

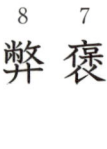

14 救急病院に**急患**が運び込まれる。（　　）
15 仕事もせず**堕落**した生活を送る。（　　）
16 **壌土**は作物の栽培に適している。（　　）
17 談話の中に興味深い**挿話**を入れる。（　　）
18 旅の土産に名産の**漆器**をもとめる。（　　）
19 少年の罪に**寛大**な処置をお願いする。（　　）
20 祖母はある**銘柄**のお茶を好んで飲む。（　　）
21 山からハンターの撃つ**銃声**が聞こえる。（　　）
22 父は年を重ねるとともに**寡黙**になった。（　　）
23 柔道できたえた**頑健**な体つきをしている。（　　）
24 政治献金の名目で**貢**ぐ。（　　）
25 **唇**を耳によせてささやく。（　　）
26 **醜**い手段を使って出世する。（　　）
27 部下の不心得を優しく**諭**す。（　　）
28 入り**江**に小舟が泊まっている。（　　）
29 生活費の一部を交際費に**充**てる。（　　）
30 用心のため**扉**には必ずかぎをかける。（　　）

---

4 **セイ**域なき改革を断行する。（　　）
5 熱**セイ**を示して周囲を感激させる。（　　）
6 彼は経済界で**セイ**名をはせた人物だ。（　　）
（ア 井　イ 誠　ウ 征　エ 聖　オ 盛）

7 先輩の**チュウ**告を素直に聞き入れる。（　　）
8 両チームの実力は伯**チュウ**している。（　　）
9 彼の苦**チュウ**を察すると無理は言えない。（　　）
（ア 衷　イ 忠　ウ 仲　エ 宙　オ 注）

10 公務員の不**ショウ**事が発覚する。（　　）
11 湖**ショウ**に生息する動植物について研究する。（　　）
12 ねんざした所が炎**ショウ**をおこしている。（　　）
（ア 沼　イ 称　ウ 承　エ 祥　オ 症）

13 午前中に用事が**ス**む。（　　）
14 お寺にお参りすると心が**ス**む。（　　）
15 道ばたにごみを**ス**ててはいけない。（　　）
（ア 済　イ 捨　ウ 透　エ 据　オ 澄）

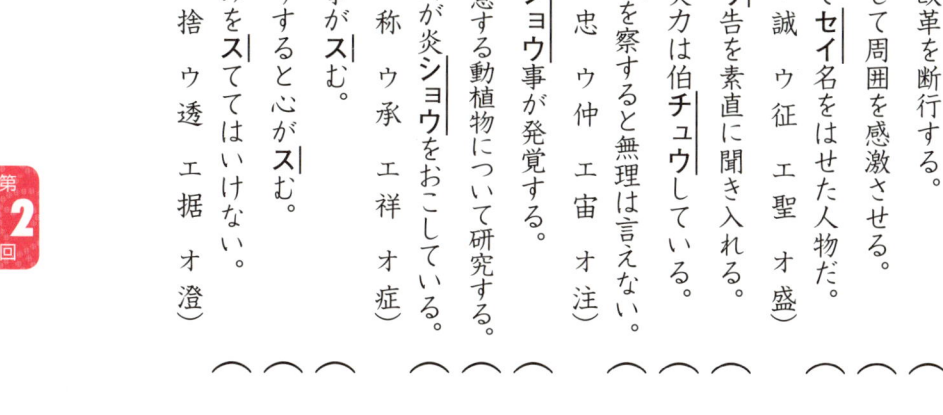

(四)

熟語の構成のしかたには次のようなものがある。

20点 2×10

ア　同じような意味の漢字を重ねたもの　（**道路**）

イ　反対または対応の意味を表す字を重ねたもの　（**前後**）

ウ　上の字が下の字を修飾しているもの　（**紅葉**）

エ　下の字が上の字の目的語・補語になっているもの　（**育児**）

オ　上の字が下の字の意味を打ち消しているもの　（**無害**）

次の**熟語**は、右の**ア**～**オ**のどれにあたるか、**一つ**選び、**記号**で記せ。

1　実権（　　）

2　疑惑（　　）

3　崇拝（　　）

4　成熟（　　）

5　就学（　　）

6　不慮（　　）

7　供給（　　）

8　精密（　　）

9　領域（　　）

10　聴講（　　）

(六)

後の□の中の語を一度だけ使って**漢字**に直し、**対義語**・**類義語**を記せ。

20点 2×10

対義語

削除―（　　）1

興奮―（　　）2

倹約―（　　）3

集中―（　　）4

設置―（　　）5

類義語

平穏―（　　）6

風潮―（　　）7

優勝―（　　）8

黙認―（　　）9

円熟―（　　）10

(五)

1〜5の三つの□に**共通する漢字**を入れて熟語を作れ。漢字は**ア〜コ**から**一つ**選び、**記号**を記せ。

10点 2×5

1 包□・□弧・総□（　　）

2 □行・弊□・□修（　　）

3 □巻・恐□・□宮（　　）

4 □元・生□・返□（　　）

5 □害・疲□・□社（　　）

ア 竜	イ 飽	ウ 還	エ 陶	オ 括
カ 排	キ 弊	ク 締	ケ 履	コ 胆

ぶんさん・ちんせい・せいは・てんか・てっきょ・けいこう・ろうれん・ろうひ・ぶじ・かんか

(七)

次の——線の**カタカナ**を**漢字一字と送りがな（ひらがな）**に直せ。

〈例〉誕生日に友達を<u>ヨブ</u>。（呼ぶ）

10点 2×5

1 あの人の観察力は**<u>スルドイ</u>**。（　　）

2 病院に行くように**<u>ススメル</u>**。（　　）

3 工事のために水道の水が**<u>ニゴル</u>**。（　　）

4 お客様を失礼のないように**<u>アツカウ</u>**。（　　）

5 うわさに**<u>マドワサ</u>**れないように気をつけよう。（　　）

(八)

後の□内のひらがなを、一度だけ使い、**漢字**に直して（　）に入れ、**四字熟語**を完成せよ。

20点 2×10

1 大所（　）所

2 主客転（　）

3 （　）編一律

4 他（　）本願

5 順風（　）帆

6 出処進（　）

7 暖（　）飽食

8 昼夜（　）行

9 （　）代未聞

10 一獲千（　）

せん・まん・とう・こう・たい・けん・きん・りき・い・ぜん

(十)

次の――線の**カタカナ**を**漢字**に直せ。

40点 2×20

1 酒は**イッテキ**も飲まない。（　）

2 息子に財産を**ゾウヨ**する。（　）

3 **コウキュウ**の平和を心から願う。（　）

4 雨季が終わり**カンキ**に入る。（　）

5 **ヒサン**な交通事故を目撃する。（　）

6 なかなか**ガンチク**のある文章だ。（　）

7 事件の**ケイイ**を詳しく説明する。（　）

8 思いがけない幸運に**キョウキ**する。（　）

9 権力の座を巡る**コウソウ**を繰り返す。（　）

10 疲労が**チクセキ**されてついに倒れる。（　）

(九) 次の各文にまちがって使われている**同じ読みの漢字**が**一字**ある。**上に誤字**を、**下に正しい漢字**を記せ。

10点
2×5

1 経済政策の目標は国民の経済・厚政を最大化することである。（　・　）

2 この付近一帯は風地地区ですから、建物などの制限があります。（　・　）

3 企業は生産資設も研究機関も本社管理部門も海外に移しつつある。（　・　）

4 外交安全保証は党が違ってもお互い協力すべき国益に関する案件です。（　・　）

5 当初話題になったアメリカの大学の日本校だが、不進で閉校したようだ。（　・　）

---

11 規則に反する者は**ゲンバツ**に処する。（　）

12 列車が不通のため**ダイタイ**バスを運行する。（　）

13 **メグ**まれた環境に育つ。（　）

14 風雨を**オカ**して決行する。（　）

15 **ヤワ**らかい毛布にくるまる。（　）

16 **サワ**にがんの群れが降り立つ。（　）

17 法律の運用に**ハバ**をもたせる。（　）

18 道路工事の騒音に**ナヤ**まされる。（　）

19 文句を言われて**ダマ**って引き下がる。（　）

20 **ミジ**めな暮らしから抜け出そうと努力する。（　）

第13回 模擬試験

試験時間 60分

合格基準 140点

得点 /200点

(一)

次の——線の**漢字の読み**を**ひらがな**で記せ。

30点（1×30）

1 **懲役**五年の判決が下る。

2 文明**発祥**の地を訪ねる。

3 不正業者に**懲罰**を与える。

4 この壺は**由緒**あるものだ。

5 隣家の住人と**懇意**になる。

6 闇の中に**白刃**がきらめく。

7 金額の**多寡**は問題にしない。

8 **衷心**から謹慎の意を表す。

9 **死刑囚**の手記が出版される。

10 相手との妥協点を**模索**する。

11 みそやしょう油を**醸造**する。

12 学園祭に多くの**模擬店**が並ぶ。

13 **桟敷**に座って仮装行列をみる。

(二)

次の漢字の**部首**を記せ。

〈例〉草（艹）

10点（1×10）

1 丙

2 瓶

3 賓

4 頒

5 殻

6 劾

7 亜

8 塁

9 幣

10 唇

(三)

次の——線の**カタカナ**にあてはまる漢字をそれぞれの**ア～オ**から**一つ**選び、**記号**を記せ。

30点（2×15）

1 **シヨ**民の生活を守る。

2 職場で勤務する部**シヨ**が変わる。

3 関係者に善**シヨ**するよう約束する。

（ア 緒　イ 諸　ウ 処　エ 庶　オ 署）

14 副委員長が委員長を**補佐**する。（　　）

15 失敗して意気**阻喪**してしまった。（　　）

16 準備期間を**充分**とり本番に臨む。（　　）

17 **森閑**とした館内は人影もまばらだ。（　　）

18 内容は面白いが文章は**稚拙**だ。（　　）

19 このところ我が家は**慶事**つづきだ。（　　）

20 中国の**悠久**の大地に感動を覚えた。（　　）

21 被害者の知人に殺人の**嫌疑**がかかる。（　　）

22 告別式で友人代表として**弔辞**を述べる。（　　）

23 新しいコンピューターの**購入**を検討する。（　　）

24 友人を**唆**して一緒に遊びに行く。（　　）

25 自分の**殻**に閉じこもる。（　　）

26 五十年来の友の死を**悼**む。（　　）

27 サンダルを**履**いて庭に出る。（　　）

28 **猫**の手も借りたいほど忙しい。（　　）

29 新進落語家の話芸が観客を**沸**かせた。（　　）

30 山頂に立つと視界を**遮**るものは何もない。（　　）

---

4 子供と一緒に童**ヨウ**を歌う。（　　）

5 鉄を**ヨウ**接する作業を行う。（　　）

6 **ヨウ**痛で歩行にも困難を覚える。（　　）

（ア 腰　イ 幼　ウ 溶　エ 用　オ 謡）

7 **ショウ**心を抱いて旅に出る。（　　）

8 ひいきの力士に化**ショウ**回しを贈る。（　　）

9 営業成績のよい者に報**ショウ**金が出る。（　　）

（ア 粧　イ 升　ウ 傷　エ 召　オ 奨）

10 高野山へ行って宿**ボウ**に泊まる。（　　）

11 農家の収穫どきは繁**ボウ**をきわめる。（　　）

12 総会の**ボウ**頭で会長があいさつする。（　　）

（ア 忙　イ 冒　ウ 傍　エ 帽　オ 坊）

13 **ハ**れた夜は星空が美しい。（　　）

14 冬の朝池に氷が**ハ**っていた。（　　）

15 一日中歩き回って疲れ**ハ**てた。（　　）

（ア 果　イ 履　ウ 晴　エ 掃　オ 張）

四

熟語の構成のしかたには次のようなものがある。

20点
2×10

ア　同じような意味の漢字を重ねたもの　（**道路**）
イ　反対または対応の意味を表す字を重ねたもの　（**前後**）
ウ　上の字が下の字を修飾しているもの　（**紅葉**）
エ　下の字が上の字の目的語・補語になっているもの　（**育児**）
オ　上の字が下の字の意味を打ち消しているもの　（**無害**）

次の**熟語**は、右の**ア**～**オ**のどれにあたるか、**一つ**選び、**記号**で記せ。

1　警戒　（　　）
2　依存　（　　）
3　危急　（　　）
4　処世　（　　）
5　服従　（　　）
6　優越　（　　）
7　疑念　（　　）
8　不潔　（　　）
9　通勤　（　　）
10　難易　（　　）

六

後の□の中の語を一度だけ使って漢字に直し、**対義語**・**類義語**を記せ。

20点
2×10

対義語

哀悼―（　　）1（　　）
衰退―（　　）2（　　）
甚大―（　　）3（　　）
新鋭―（　　）4（　　）
節約―（　　）5（　　）

類義語

没頭―（　　）6（　　）
傍観―（　　）7（　　）
弁解―（　　）8（　　）
不穏―（　　）9（　　）
寡黙―（　　）10（　　）

(五)

1～5の三つの□に**共通する漢字**を入れて熟語を作れ。漢字は**ア～コ**から**一つ**選び、**記号**を記せ。

10点 2×5

1 □言・衆□・□黙（　　）

2 散□・□話・□材（　　）

3 □学・推□・□励（　　）

4 □疑・述□・□古（　　）

5 □平・安□・□然（　　）

ア 懐	イ 謀	ウ 寡	エ 縛	オ 奨
カ 幼	キ 律	ク 逸	ケ 泰	コ 楼

けいび・ねっちゅう・しゅくが・こごう・しゃくめい・むくち・はってん・ろうひ・ざし・けんあく

(七)

次の——線の**カタカナ**を**漢字一字**と**送りがな（ひらがな）**に直せ。

〈例〉誕生日に友達をヨブ。（呼ぶ）

10点 2×5

1 薬品の使用方法を**アヤマル**。（　　）

2 別れた友達を**ナツカシム**。（　　）

3 病院では院長がいちばん**エライ**。（　　）

4 後から急に声をかけて友達を**オドロカシ**た。（　　）

5 条件が折り合わなくて話が**コワレル**。（　　）

（八）

後の□内のひらがなを、一度だけ使い、**漢字**に直して（　）に入れ、**四字熟語**を完成せよ。

20点
2×10

1 （　）厚篤実

2 栄枯盛（　）

3 山（　）水明

4 温（　）知新

5 （　）鳥風月

6 呉越（　）舟

7 （　）善懲悪

8 換（　）奪胎

9 外柔内（　）

10 一心（　）乱

すい・こ・どう・おん・か・し・
こつ・ふ・かん・ごう

（十）

次の――線の**カタカナ**を**漢字**に直せ。

40点
2×20

1 国家の**サイニュウ**が不足する。（　　）

2 留守の間に**トウナン**にあう。（　　）

3 チームの士気を**コブ**する。（　　）

4 同窓会の会費を**チョウシュウ**する。（　　）

5 この車は**ガンジョウ**にできている。（　　）

6 **キョウレツ**なパンチで相手を倒す。（　　）

7 子供たちが**スナハマ**で遊んでいる。（　　）

8 日本の文化を外国に**ショウカイ**する。（　　）

9 目撃したことを**コチョウ**して伝える。（　　）

10 **ジャクハイ**をよろしくご指導ください。（　　）

(九) 次の各文にまちがって使われている**同じ読みの漢字**が**一字**ある。**上に誤字**を、**下に正しい漢字**を記せ。

10点 2×5

1 海外市場開託のため、駐在員一名を先遣することになった。（　・　）

2 中国の改革、開放は三〇年を経過し寄跡的な成長を成し遂げた。（　・　）

3 国民の向学心、向上心と国家的な危機意識の間には強い関係がある。（　・　）

4 この賞は、社会福仕に貢献した人を称えるために設定されたものです。（　・　）

5 日本も終身顧用が崩壊し、サラリーマンが安定した職業という時代ではない。（　・　）

---

11 町に大学を**ユウチ**する運動を起こす。（　）

12 資源不足がリサイクルに**ハクシャ**をかける。（　）

13 遅**ザ**きの梅が開花した。（　）

14 **カレ**には大きな夢がある。（　）

15 秋田犬の**オス**を飼っている。（　）

16 夢中に走ったら靴が**ヌ**げた。（　）

17 **ス**ました顔で写真におさまる。（　）

18 無言電話の犯人を**ツ**き止める。（　）

19 合格の知らせに**オド**り上がって喜ぶ。（　）

20 同期入社の友人が皆**エラ**くなってしまった。（　）

第13回

第14回 模擬試験

試験時間 60分

合格基準 140点

得点 /200点

(一)

次の――線の**漢字の読み**を**ひらがな**で記せ。

30点 1×30

1 **剛健**な校風の中で学ぶ。
2 患者の**症状**が悪化する。
3 政治家の不正を**糾弾**する。
4 干した**昆布**でだしを取る。
5 森の小屋に**宵闇**が迫る。
6 当該地域を**所轄**する保健所。
7 国王から**爵位**を授けられる。
8 全自動の電気**洗濯機**を買う。
9 公務員の**不祥事**が発覚する。
10 **患部**をアルコールで消毒する。
11 祖父は**盆栽**の手入れに余念がない。
12 会長に退任の意向を**打診**する。
13 映画のロケ現場に**人垣**ができる。

(二)

次の漢字の**部首**を記せ。

〈例〉草（艹）

10点 1×10

1 傘
2 累
3 蛍
4 勲
5 翁
6 尉
7 剰
8 唇
9 彰
10 庶

(三)

次の――線の**カタカナ**にあてはまる漢字をそれぞれの**ア～オ**から**一つ**選び、**記号**を記せ。

30点 2×15

1 **チョウ**役三年の判決が下る。
2 天皇は日本国の象**チョウ**である。
3 この辺一帯は官**チョウ**街になっている。

（ア 庁　イ 徴　ウ 潮　エ 跳　オ 懲）

14 食品会社の**庶務課**に勤務する。（　）
15 準備期間を**充分**とり本番に臨む。（　）
16 市場調査を請け負い**報酬**を受ける。（　）
17 世界平和に**貢献**した人を表彰する。（　）
18 全市をあげて親善使節団を**歓待**する。（　）
19 恩師の**薫陶**を受けて立派に成長する。（　）
20 **沸騰**した湯をカップ麺のカップに注ぐ。（　）
21 **渓谷**の美しさに魅せられて各地を旅する。（　）
22 満員のスタンドから**一斉**に拍手がおこる。（　）
23 伊藤博文は明治の**元勲**として知られている。（　）
24 無実の人を罪に**陥**れる。（　）
25 学長に山田教授を**薦**める。（　）
26 契約をいったん白紙に**戻**す。（　）
27 一か月五万円で生活費を**賄**う。（　）
28 われわれの研究は**緒**に就いたばかりだ。（　）
29 怒りのあまり彼の顔は**醜**くゆがんだ。（　）
30 競技会で日ごろ**培**ってきた力を発揮する。（　）

---

4 目的に合**チ**した行動をする。（　）
5 音**チ**なのでカラオケは苦手だ。（　）
6 年間の気温の平均**チ**を求める。（　）
（ア 致　イ 痴　ウ 置　エ 知　オ 値）

7 相手の冷**タン**な態度に失望する。（　）
8 秩序の乱れは慨**タン**にたえない。（　）
9 リンカーンの生**タン**の地を訪れた。（　）
（ア 探　イ 担　ウ 淡　エ 嘆　オ 誕）

10 従業員に作業服を**タイ**与する。（　）
11 救助隊が出動の**タイ**勢を整える。（　）
12 この建物は**タイ**火建築になっている。（　）
（ア 耐　イ 退　ウ 貸　エ 態　オ 帯）

13 金糸を**オ**り込んだ帯をしめる。（　）
14 次期会長に山田さんを**オ**します。（　）
15 湖は青色を**オ**びた緑色をしていた。（　）
（ア 終　イ 推　ウ 折　エ 織　オ 帯）

(四) **熟語の構成**のしかたには次のようなものがある。

20点 2×10

ア 同じような意味の漢字を重ねたもの （**道路**）
イ 反対または対応の意味を表す字を重ねたもの （**前後**）
ウ 上の字が下の字を修飾しているもの （**紅葉**）
エ 下の字が上の字の目的語・補語になっているもの （**育児**）
オ 上の字が下の字の意味を打ち消しているもの （**無害**）

次の**熟語**は、右の**ア**～**オ**のどれにあたるか、**一つ**選び、**記号**で記せ。

1 損益 （　）
2 提案 （　）
3 不穏 （　）
4 検討 （　）
5 遺跡 （　）

6 専心 （　）
7 裁決 （　）
8 損害 （　）
9 優勢 （　）
10 保証 （　）

(六) 後の□の中の語を一度だけ使って**漢字**に直し、**対義語**・**類義語**を記せ。

20点 2×10

対義語

1 正統―（　）
2 精巧―（　）
3 進展―（　）
4 延長―（　）
5 哀悼―（　）

類義語

6 了解―（　）
7 離合―（　）
8 落成―（　）
9 勇猛―（　）
10 露見―（　）

五

1～5の三つの□に**共通する漢字**を入れて熟語を作れ。漢字は**ア～コ**から**一つ**選び、**記号**を記せ。

10点 2×5

1 □察・往□・□療（　　）

2 □性・怠□・□眠（　　）

3 □態・模□・□似（　　）

4 □走・出□・□放（　　）

5 □根・災□・□福（　　）

ア 擬	イ 叔	ウ 奔	エ 佐	オ 禍
カ 慈	キ 惰	ク 孝	ケ 診	コ 嫌

ていとん・しゅくが・いたん・たんしゅく・しゅうさん・かかん・そざつ・なっとく・しゅんこう・はっかく

七

次の――線の**カタカナ**を**漢字一字**と**送りがな（ひらがな）**に直せ。

〈例〉誕生日に友達をヨブ。（呼ぶ）

10点 2×5

1 ひとりぼっちは**サビシイ**。（　　）

2 滝の音がごうごうと**ヒビク**。（　　）

3 **ヤワラカイ**春の日ざしを浴びる。（　　）

4 兄はラグビーのルールに**クワシイ**。（　　）

5 生徒の代表に選ばれたことを**ホコリ**に思う。（　　）

(八)

後の□内のひらがなを、一度だけ使い、**漢字**に直して（　）に入れ、**四字熟語**を完成せよ。

／20点（2×10）

1 （　）戦即決

2 首（　）一貫

3 時期尚（　）

4 一知（　）解

5 事実（　）根

6 正（　）正銘

7 自業自（　）

8 （　）言壮語

9 四分（　）裂

10 （　）十不惑

そう・む・び・しん・たい・し・
そく・はん・とく・ご

(十)

次の――線の**カタカナ**を**漢字**に直せ。

／40点（2×20）

1 **コウリョウ**たる野原を旅する。（　　）

2 事件の**ホッタン**を説明する。（　　）

3 争いが**ドロヌマ**の状態に陥る。（　　）

4 両家の間に**カクシツ**が生じる。（　　）

5 必ず優勝できると**ゴウゴ**する。（　　）

6 事件が社会に**ハモン**を投じた。（　　）

7 アルバムを見て**ツイオク**にふける。（　　）

8 絹織物には上品な**コウタク**がある。（　　）

9 暴走した車が対向車に**ゲキトツ**した。（　　）

10 コンピューターが**イリョク**を発揮する。（　　）

九

次の各文にまちがって使われている**同じ読みの漢字**が**一字**ある。**上に誤字**を、**下に正しい漢字**を記せ。

10点 2×5

1 日本の出生率は他の先進国と比べても低く危検水準に近い。（　・　）

2 失業の長期化は若年層の雇用不安を高め、彼らの消費を欲制する。（　・　）

3 人口働態が経済に与える影響は過小評価されている可能性がある。（　・　）

4 性急に政治に不満をぶつければますます政治は機能不善になるだろう。（　・　）

5 政治的混迷とその結果としての政策の不在が事態の悪化に迫車をかけている。（　・　）

---

11 問題の解決に**ジュウナン**な態度でのぞむ。（　）

12 色彩に対して**エイビン**な感覚を持っている。（　）

13 目が回るほど**イソガ**しい。（　）

14 小説の情景を心に**エガ**く。（　）

15 洪水が畑に被害を**アタ**える。（　）

16 自分の力の足りなさを**ナゲ**く。（　）

17 早いうちに悪の芽を**ツ**み取る。（　）

18 赤ん坊がすやすや**ネム**っている。（　）

19 もうあんな**コワ**いことはこりごりだ。（　）

20 彼は子供のころから秀才の**ホマ**れが高かった。（　）

模擬試験得点チェック表

[設問事項]	(一)漢字の読み	(二)部　首	(三)同音・同訓異字	(四)熟語の構成	(五)漢字の識別	(六)対義語・類義語	(七)送りがな	(八)四字熟語	(九)誤字訂正	(十)漢字の書き取り	模擬試験を解き得点を記入しましょう。学習計画にお役立て下さい。
第1回 月 日	/30	/10	/30	/20	/10	/20	/10	/20	/10	/40	= 合計点 /200点
第2回 月 日	/30	/10	/30	/20	/10	/20	/10	/20	/10	/40	= 合計点 /200点
第3回 月 日	/30	/10	/30	/20	/10	/20	/10	/20	/10	/40	= 合計点 /200点
第4回 月 日	/30	/10	/30	/20	/10	/20	/10	/20	/10	/40	= 合計点 /200点
第5回 月 日	/30	/10	/30	/20	/10	/20	/10	/20	/10	/40	= 合計点 /200点
第6回 月 日	/30	/10	/30	/20	/10	/20	/10	/20	/10	/40	= 合計点 /200点
第7回 月 日	/30	/10	/30	/20	/10	/20	/10	/20	/10	/40	= 合計点 /200点
第8回 月 日	/30	/10	/30	/20	/10	/20	/10	/20	/10	/40	= 合計点 /200点
第9回 月 日	/30	/10	/30	/20	/10	/20	/10	/20	/10	/40	= 合計点 /200点
第10回 月 日	/30	/10	/30	/20	/10	/20	/10	/20	/10	/40	= 合計点 /200点
第11回 月 日	/30	/10	/30	/20	/10	/20	/10	/20	/10	/40	= 合計点 /200点
第12回 月 日	/30	/10	/30	/20	/10	/20	/10	/20	/10	/40	= 合計点 /200点
第13回 月 日	/30	/10	/30	/20	/10	/20	/10	/20	/10	/40	= 合計点 /200点
第14回 月 日	/30	/10	/30	/20	/10	/20	/10	/20	/10	/40	= 合計点 /200点

著者略歴

大内田　三郎（おおうちだ・さぶろう）

大阪市立大学名誉教授　文学博士

大阪市立大学大学院博士課程修了　中国語学・日中言語比較論専攻

著　書

1「中国語の基礎」光生館
2「新中国語入門」駿河台出版社
3「中国児童読物選」白帝社
4「中国童話読物選」駿河台出版社
5「基本表現中国語作文」駿河台出版社
6「現代中国語」駿河台出版社
7「困った時の中国語」駿河台出版社
8「中級読物　中国歴史物語」駿河台出版社
9「チィエンタン中国語20課」駿河台出版社
10「基礎からよくわかる中国語文法参考書」駿河台出版社
11「基本文型150で覚える中国語」駿河台出版社
12「初歩から始める中国語」駿河台出版社
13「中国語検定—予想問題と解説」（1級～準4級）　駿河台出版社
14「日常会話で学ぶ中国語」駿河台出版社
15「聞く、話す、読む、基礎から着実に身につく中国語」駿河台出版社
16「初級から中級へ　話せて使える中国語」駿河台出版社
17「実用ビジネス中国語会話」駿河台出版社
18「中検合格のための傾向と対策」（2級、3級、4級、準4級）駿河台出版社
19「中検模擬試験問題集リスニング対策編」（3級、4級）駿河台出版社
20「学生のための中国語」駿河台出版社

完全対策！　漢字検定 模擬試験問題集　準２級

2012年１月25日　初版　第１刷発行

著　者　　大内田　三郎
発行者　　井田洋二
発行所　　株式会社　駿河台出版社
〒101-0062　東京都千代田区神田駿河台3-7
TEL：03-3291-1676　　FAX：03-3291-1675
振替00190-3-56669番
E-mail：edit@e-surugadai.com　　URL：http://www.e-surugadai.com

製版 フォレスト／印刷 三友印刷
装丁 小熊未央
ISBN978-4-411-04103-6 C2081　　万一，乱丁・落丁の場合はお取り替えいたします。

別　冊

完全対策！

漢字検定模擬試験問題集

準２級

▸ **模擬試験解答**

▸ **準２級配当漢字表（337字）**

駿河台出版社

第1回 模擬試験 解答

(一)

1 かんよう
2 かそ
3 えきびょう
4 せいやく
5 しょうしょ
6 ぶんせき
7 こうどく
8 いっすい
9 しょうりょう
10 せっかん
11 はさい
12 ふじょう
13 べっそう
14 かくしん
15 ていねい
16 ほしょうきん
17 へいこう
18 けねん
19 せっこう
20 とくそく
21 ろうおう
22 ゆうし
23 ゆうかい
24 ねんご
25 こば
26 さ
27 はさ
28 か
29 おそれ
30 なが

(二)

1 竜
2 言
3 貝
4 阝
5 力
6 木
7 斉
8 一
9 肉
10 石

(三)

1 オ(杯)
2 ア(廃)
3 ウ(排)
4 オ(継)
5 イ(敬)
6 エ(傾)
7 イ(甘)
8 オ(干)
9 ア(刊)
10 エ(機)
11 オ(揮)
12 ア(器)
13 ア(駆)
14 オ(懸)
15 ウ(掛)

(四)

1 ウ
2 ア
3 エ
4 イ
5 ア
6 エ
7 ア
8 ウ
9 オ
10 ア

(五)

1 ク(編)
2 エ(補)
3 オ(密)
4 ア(務)
5 コ(盟)

(六)

1 分割
2 結末
3 抑制
4 資産
5 末尾
6 愉快
7 屈強
8 根幹
9 虚構
10 穏健

(七)

1 詰める
2 赴く
3 壊す
4 浴びせる
5 訴える

(八)

1 来
2 問
3 試
4 絶
5 会
6 六
7 由
8 徹
9 天
10 未

(九)

1 (俳・排)
2 (重・充)
3 (採・催)
4 (加・過)
5 (復・複)

(十)

1 緩慢
2 人柄
3 勧告
4 逮捕
5 継続
6 寄稿
7 微力
8 珍味
9 冷淡
10 皮膚
11 銘菓
12 真情
13 侵
14 煙
15 壁
16 網
17 汗
18 渡
19 頼
20 腐

第2回 模擬試験 解答

(一)

1 たんのう
2 そうしつ
3 かこん
4 きょぜつ
5 てっかい
6 ゆいしょ
7 かんてい
8 すぎかわ
9 ちゅうしん
10 じょうげん
11 べんぎ
12 ひろう
13 きょうらく
14 けっかん
15 たいぜん
16 しょうがい
17 こうし
18 せいきょ
19 かいそう
20 もうしん
21 ふんきゅう
22 がんこ
23 ほうそうかい
24 りょう
25 く
26 うれ
27 かわ
28 ふところ
29 あわ
30 ほ

(二)

1 ロ
2 士
3 馬
4 衣
5 心
6 刀
7 日
8 貝
9 糸
10 力

(三)

1 ウ(善)
2 オ(漸)
3 ア(禅)
4 エ(惰)
5 ウ(妥)
6 オ(駄)
7 ウ(渉)
8 ア(紹)
9 オ(称)
10 ア(喪)
11 ウ(層)
12 エ(槽)
13 イ(裁)
14 エ(経)
15 オ(断)

(四)

1 イ
2 ウ
3 エ
4 イ
5 ア
6 オ
7 ア
8 イ
9 ウ
10 エ

(五)

1 カ(優)
2 ケ(訪)
3 ア(余)
4 キ(欲)
5 エ(乱)

(六)

1 解放
2 短縮
3 顕著
4 懐柔
5 虐待
6 変遷
7 策略
8 残念
9 免職
10 忍耐

(七)

1 寂しい
2 迎える
3 祈る
4 陰っ
5 迫る

(八)

1 愛
2 思
3 千
4 半
5 異
6 改
7 真
8 猛
9 質
10 尾

(九)

1 (烈・裂)
2 (賀・雅)
3 (持・治)
4 (制・政)
5 (確・格)

(十)

1 殊更
2 素描
3 療養
4 越冬
5 六畳
6 要項
7 運搬
8 支援
9 即応
10 押収
11 鑑賞
12 還暦
13 替
14 添
15 舞
16 犯
17 輝
18 尽
19 惑
20 扱

第3回　模擬試験　解答

(一)

1 ともかせ
2 ふんがい
3 あっせん
4 すいせん
5 しゅくん
6 つぼすう
7 やっかん
8 とくれい
9 とうかつ
10 じゅんかん
11 ぶんけん
12 かんげん
13 ゆうごう
14 だしん
15 ほうてい
16 えど
17 さいしょう
18 だきょう
19 けんさく
20 しょうやく
21 ぜんもんどう
22 ちょうそ
23 ひょうしょう
24 くつ
25 かま
26 はだ
27 くちびる
28 くだ
29 みぞ
30 こ

(二)

1 又
2 土
3 聿
4 刂
5 儿
6 心
7 彡
8 大
9 肉
10 十

(三)

1 オ(陥)
2 ウ(乾)
3 ア(恵)
4 ウ(寄)
5 ア(規)
6 オ(基)
7 イ(寒)
8 ア(棺)
9 オ(閑)
10 イ(眼)
11 エ(含)
12 オ(頑)
13 ア(挙)
14 オ(上)
15 エ(揚)

(四)

1 エ
2 イ
3 ウ
4 ア
5 オ
6 エ
7 ウ
8 エ
9 イ
10 ア

(五)

1 コ(豊)
2 エ(臨)
3 ア(覧)
4 ク(併)
5 オ(渉)

(六)

1 徴収
2 建設
3 拒否
4 零落
5 概略
6 温厚
7 名誉
8 無事
9 秘伝
10 頑固

(七)

1 嫌う
2 叫ぶ
3 輝く
4 澄む
5 贈る

(八)

1 孤
2 気
3 剛
4 単
5 異
6 専
7 辞
8 博
9 天
10 明

(九)

1 (複・復)
2 (寮・僚)
3 (当・頭)
4 (貝・介)
5 (加・可)

(十)

1 召集
2 把握
3 鑑定
4 気鋭
5 幾多
6 専攻
7 巨頭
8 趣向
9 欄外
10 依頼
11 迎合
12 封鎖
13 寂
14 滴
15 皆
16 踊
17 肩
18 致
19 迫
20 贈

第4回 模擬試験 解答

(一)

1 ぎんみ
2 はけん
3 むしょう
4 ちせつ
5 かこく
6 あまず
7 けんお
8 ゆうしゅう
9 ぜんじ
10 けんしん
11 こうずい
12 きんせい
13 こうじん
14 たなあ
15 しょうろく
16 じぎ
17 せつれつ
18 しし
19 しょうそう
20 ざんにん
21 けいりゅう
22 だとう
23 いちぐう
24 わずら
25 す
26 さと
27 いきどお
28 え
29 なわ
30 た

(二)

1 糸
2 亠
3 貝
4 阝
5 廾
6 ⻗
7 十
8 覀
9 心
10 亻

(三)

1 エ(完)
2 イ(缶)
3 オ(肝)
4 ア(収)
5 イ(囚)
6 エ(就)
7 オ(季)
8 ア(祈)
9 エ(危)
10 ア(砲)
11 オ(抱)
12 イ(峰)
13 ア(意)
14 オ(異)
15 ウ(胃)

(四)

1 エ
2 ウ
3 イ
4 ア
5 エ
6 ア
7 ウ
8 イ
9 オ
10 ウ

(五)

1 カ(緒)
2 コ(献)
3 イ(賓)
4 ウ(覇)
5 キ(徹)

(六)

1 模倣
2 存続
3 精算
4 繁忙
5 質疑
6 歴然
7 帰結
8 精励
9 摂取
10 精細

(七)

1 触れる
2 傾ける
3 恵む
4 祈っ
5 扱う

(八)

1 省
2 戦
3 即
4 廉
5 様
6 一
7 無
8 画
9 読
10 異

(九)

1 (活・括)
2 (用・要)
3 (被・疲)
4 (疑・偽)
5 (歓・観)

(十)

1 鈍感
2 朱色
3 考慮
4 行為
5 放漫
6 派遣
7 戯曲
8 釈然
9 首尾
10 称賛
11 堤防
12 舗装
13 舟
14 慎
15 刺
16 泊
17 透
18 傾
19 噴
20 恥

第5回 模擬試験 解答

(一)

1 ほうかつ
2 こうてつ
3 そうさ
4 きんこう
5 かいせき
6 そうかん
7 じしゅく
8 ちょうせん
9 りょうてい
10 すいせん
11 じゅくすい
12 かし
13 じょうしょ
14 ぜんしん
15 しょさい
16 けんきょ
17 じょじゅつ
18 すみずみ
19 しゅんびん
20 しゃだん
21 ひんぱん
22 ちゆ
23 へいしゃ
24 す
25 かたよ
26 きら
27 すみ
28 あなど
29 あかつき
30 とつ

(二)

1 自
2 勹
3 口
4 糸
5 儿
6 歹
7 宀
8 肉
9 石
10 女

(三)

1 ア(滑)
2 イ(割)
3 エ(轄)
4 オ(肖)
5 ア(承)
6 ウ(尚)
7 ウ(誌)
8 イ(視)
9 ア(師)
10 オ(醜)
11 イ(愁)
12 エ(襲)
13 オ(就)
14 イ(着)
15 エ(突)

(四)

1 イ
2 ウ
3 ア
4 イ
5 エ
6 ア
7 エ
8 オ
9 ウ
10 イ

(五)

1 ケ(騰)
2 エ(壮)
3 キ(偵)
4 ア(悠)
5 オ(租)

(六)

1 順守
2 苦痛
3 光明
4 閉鎖
5 紛糾
6 浮沈
7 利発
8 鼓舞
9 認可
10 公表

(七)

1 配る
2 迎える
3 咲い
4 荒れ
5 預かる

(八)

1 無
2 衣
3 縛
4 泰
5 狼
6 選
7 視
8 棄
9 粗
10 万

(九)

1 (倹・検)
2 (高・興)
3 (動・働)
4 (境・況)
5 (摘・適)

(十)

1 猛威
2 新鮮
3 御殿
4 小僧
5 猛進
6 相違
7 健脚
8 斜線
9 遅刻
10 添削
11 直撃
12 侵犯
13 執
14 跡
15 蓄
16 髪
17 闘
18 軒
19 怒
20 巡

第6回 模擬試験 解答

(一)

1	きゅうめい
2	とうすい
3	へいせつ
4	そえん
5	ちゃくなん
6	ゆいしょ
7	きょうがい
8	しゅうたい
9	じゅくちょう
10	しゅこう
11	ぎんえい
12	きんせん
13	せんと
14	じょけいか
15	こうてい
16	ちょくめい
17	じょうざい
18	せんきょう
19	だんがい
20	そつう
21	さいばい
22	けいこく
23	どうさつ
24	げん
25	みが
26	ぼく
27	なつ
28	くだ
29	つぐな
30	よい

(二)

1	田
2	大
3	カ
4	一
5	貝
6	頁
7	女
8	亠
9	宀
10	口

(三)

1	オ(謙)
2	エ(献)
3	イ(嫌)
4	オ(疑)
5	ア(偽)
6	イ(宜)
7	ウ(紳)
8	オ(針)
9	ア(浸)
10	ア(侯)
11	オ(溝)
12	エ(購)
13	オ(堪)
14	ア(絶)
15	ウ(耐)

(四)

1	ウ
2	オ
3	イ
4	ア
5	エ
6	ウ
7	ア
8	エ
9	イ
10	ア

(五)

1	キ(裕)
2	ウ(督)
3	オ(粛)
4	ア(遷)
5	ケ(媒)

(六)

1	清澄
2	左遷
3	厳守
4	危惧
5	加重
6	起源
7	継承
8	功績
9	備蓄
10	興廃

(七)

1	遣わす
2	載せる
3	枯れる
4	頼り
5	慎ん

(八)

1	金
2	連
3	下
4	謀
5	巧
6	道
7	明
8	混
9	苦
10	天

(九)

1	(衣・依)
2	(嫁・稼)
3	(徐・除)
4	(財・材)
5	(困・混)

(十)

1	焦燥
2	譲渡
3	避難
4	占拠
5	頻繁
6	抵当
7	鳥獣
8	物騒
9	難儀
10	比較
11	恐慌
12	獲得
13	揺
14	淡
15	飾
16	数
17	隣
18	瞬
19	茂
20	旨

第7回 模擬試験 解答

(一)

1 けんえん
2 そうかつ
3 こうしょう
4 きゅうよ
5 ばくぜん
6 せんぷう
7 かどう
8 めっきん
9 ていぞう
10 ごうふく
11 かちゅう
12 ぎんみ
13 こくひょう
14 せんさい
15 さんいつ
16 むだ
17 しゅくとく
18 えいけつ
19 じっせん
20 ちつじょ
21 きかつ
22 しゅんさい
23 ちそ
24 ほら
25 つ
26 たまわ
27 よい
28 やわ
29 やなぎ
30 すず

(二)

1 曰
2 目
3 山
4 心
5 頁
6 糸
7 犬
8 大
9 虫
10 力

(三)

1 エ（疎）
2 ア（訴）
3 ウ（租）
4 ア（搬）
5 オ（繁）
6 ウ（販）
7 エ（則）
8 イ（測）
9 ア（即）
10 オ（剰）
11 ア（浄）
12 エ（縄）
13 オ（済）
14 エ（澄）
15 ア（任）

(四)

1 ア
2 ウ
3 イ
4 エ
5 オ
6 エ
7 イ
8 ア
9 ウ
10 エ

(五)

1 キ（附）
2 オ（癒）
3 ア（俊）
4 ケ（拙）
5 ウ（睡）

(六)

1 悲哀
2 質素
3 不足
4 直面
5 慎重
6 奔走
7 保持
8 栄達
9 深慮
10 入念

(七)

1 兼ねる
2 込め
3 驚い
4 伺っ
5 編む

(八)

1 阻
2 水
3 機
4 深
5 存
6 死
7 楽
8 晴
9 興
10 左

(九)

1 （閉・弊）
2 （績・積）
3 （起・基）
4 （命・明）
5 （功・効）

(十)

1 気迫
2 決壊
3 抜粋
4 吹聴
5 却下
6 前途
7 脂汗
8 勝訴
9 拠点
10 箇所
11 詳述
12 巡回
13 峠
14 勧
15 耐
16 暇
17 粒
18 香
19 離
20 逃

第8回 模擬試験 解答

(一)

1 しょうかん
2 かいぎ
3 さしょう
4 じゅうでん
5 かんこう
6 はあく
7 だじゃく
8 けっさく
9 ゆうふく
10 こんちゅう
11 じう
12 たいけい
13 きょうじゅ
14 ぶんせき
15 けいせつ
16 すうこう
17 さんそう
18 てってい
19 せんてつ
20 じょういん
21 きょうじゅん
22 いっかつ
23 けんえき
24 う
25 かせ
26 うね
27 しの
28 み
29 はなは
30 にせ

(二)

1 小
2 頁
3 欠
4 心
5 襾
6 王
7 中
8 目
9 馬
10 麻

(三)

1 エ(薄)
2 イ(泊)
3 オ(迫)
4 ア(逃)
5 オ(透)
6 ウ(到)
7 オ(敷)
8 イ(怖)
9 エ(普)
10 オ(彼)
11 ウ(疲)
12 ア(避)
13 オ(閉)
14 ア(知)
15 エ(強)

(四)

1 エ
2 ウ
3 オ
4 ア
5 イ
6 ウ
7 イ
8 ア
9 エ
10 ウ

(五)

1 ウ(充)
2 オ(愉)
3 キ(朴)
4 ア(銘)
5 ケ(俸)

(六)

1 荘重
2 対立
3 受理
4 厳格
5 放任
6 考慮
7 機転
8 辛酸
9 習慣
10 浅薄

(七)

1 逃げ
2 遮る
3 押し
4 巡っ
5 築い

(八)

1 分
2 功
3 因
4 量
5 器
6 海
7 変
8 通
9 妄
10 前

(九)

1 (近・均)
2 (生・性)
3 (用・要)
4 (整・成)
5 (番・盤)

(十)

1 歓待
2 戒律
3 倒壊
4 陣頭
5 乾杯
6 介入
7 苦悩
8 天井
9 言及
10 圏外
11 清濁
12 凡人
13 抱
14 堅
15 含
16 甘
17 払
18 互
19 鮮
20 曇

第9回 模擬試験 解答

(一)

1 じゅっかい
2 ゆうぜん
3 かいこう
4 もっきん
5 さんじゅ
6 ぎぜん
7 ちくじ
8 かんてい
9 ざぜん
10 ききょう
11 にくじゅう
12 けいしょう
13 へんせん
14 よくそう
15 ざしょう
16 はだみ
17 らくのう
18 きょうきん
19 ありゅう
20 ごしゃく
21 きょうかつ
22 ひんど
23 たいだ
24 いど
25 へび
26 うやうや
27 せん
28 つか
29 ただ
30 たな

(二)

1 宀
2 艹
3 刂
4 罒
5 心
6 土
7 ⺍
8 大
9 又
10 革

(三)

1 ア(吹)
2 エ(睡)
3 イ(推)
4 ア(旋)
5 イ(扇)
6 ウ(栓)
7 ウ(享)
8 オ(狭)
9 ア(恐)
10 オ(挿)
11 エ(荘)
12 ウ(壮)
13 ウ(変)
14 ア(掛)
15 オ(駆)

(四)

1 ウ
2 エ
3 イ
4 ア
5 オ
6 ウ
7 イ
8 エ
9 ア
10 イ

(五)

1 オ(抹)
2 ケ(遍)
3 ク(崇)
4 ア(賄)
5 ウ(累)

(六)

1 怠惰
2 真実
3 任意
4 濃厚
5 豪華
6 冷淡
7 変革
8 冷静
9 仲裁
10 陳情

(七)

1 遅れる
2 踏まえ
3 騒ぐ
4 離れ
5 輝く

(八)

1 後
2 依
3 絶
4 古
5 心
6 恥
7 打
8 大
9 全
10 節

(九)

1 (原・源)
2 (律・率)
3 (作・策)
4 (底・低)
5 (積・績)

(十)

1 地盤
2 兼任
3 薄弱
4 人跡
5 恋心
6 影響
7 指摘
8 就寝
9 雑踏
10 匹敵
11 忍耐
12 需給
13 被
14 込
15 珍
16 濃
17 誇
18 駆
19 疲
20 狭

第10回 模擬試験 解答

(一)

1 きんてい
2 さいがい
3 ばいしゃく
4 いかん
5 きょぜつ
6 こうしょう
7 そうぎょう
8 ゆうよ
9 せんせい
10 だこう
11 けんし
12 かんせい
13 けんしょう
14 けんお
15 すうよう
16 かせん
17 かんてつ
18 じしゅく
19 じぎ
20 じょう
21 ていかん
22 きじん
23 しさ
24 みさき
25 つつ
26 さが
27 か
28 きゅう
29 かん
30 うず

(二)

1 缶
2 頁
3 心
4 弓
5 衣
6 氺
7 土
8 女
9 車
10 虫

(三)

1 エ（慶）
2 オ（渓）
3 イ（系）
4 イ（信）
5 オ（震）
6 エ（侵）
7 オ（薦）
8 イ（遷）
9 ア（鮮）
10 オ（職）
11 イ（飾）
12 ア（触）
13 オ（肥）
14 ウ（超）
15 ア（越）

(四)

1 イ
2 ウ
3 ア
4 エ
5 オ
6 ウ
7 ア
8 エ
9 イ
10 ア

(五)

1 オ（諭）
2 ケ（僚）
3 ア（涼）
4 キ（摩）
5 ウ（邸）

(六)

1 煩雑
2 冷却
3 喪失
4 欠乏
5 絶賛
6 制裁
7 大切
8 拘泥
9 綿密
10 相違

(七)

1 鋭い
2 汚れる
3 及ん
4 盗ん
5 商う

(八)

1 俗
2 意
3 新
4 付
5 歴
6 概
7 裂
8 機
9 無
10 否

(九)

1 （殖・植）
2 （悩・脳）
3 （穫・獲）
4 （鋼・鉱）
5 （観・鑑）

(十)

1 市販
2 脱落
3 隠蔽
4 旧姓
5 激怒
6 真剣
7 唐突
8 浸水
9 瞬間
10 凶作
11 監視
12 抵触
13 弾
14 鈍
15 叫
16 占
17 薄
18 詳
19 繰
20 吐

第11回 模擬試験 解答

(一)

1 よいん　2 すはだ　3 せんかい　4 かこん　5 けっかん　6 しゅうき　7 かんかつ　8 しゅうしょう　9 しんじゅ　10 おうとつ　11 きょぎ　12 かんげん　13 ていさつ　14 けんちょ　15 ぞうてい　16 けんあん　17 こうけん　18 たいと　19 こうしん　20 ぐち　21 しゅんしゅう　22 けっしゅつ　23 しょうれい　24 あさ　25 しも　26 すた　27 つつし　28 かお　29 えり　30 あかつき

(二)

1 口　2 曰　3 士　4 土　5 言　6 斉　7 田　8 甘　9 刀　10 心

(三)

1 ア(診)　2 エ(寝)　3 オ(慎)　4 ウ(提)　5 ア(呈)　6 イ(抵)　7 ア(納)　8 オ(濃)　9 エ(悩)　10 エ(騒)　11 オ(霜)　12 ウ(燥)　13 エ(解)　14 イ(研)　15 オ(富)

(四)

1 エ　2 ウ　3 イ　4 ア　5 エ　6 イ　7 ア　8 オ　9 エ　10 ウ

(五)

1 オ(漠)　2 ケ(融)　3 ア(呈)　4 キ(逐)　5 ウ(勲)

(六)

1 従順　2 例外　3 分離　4 妥結　5 空虚　6 模範　7 軽率　8 真心　9 計略　10 償還

(七)

1 隠す　2 蓄える　3 狂っ　4 含ま　5 戒め

(八)

1 鬼　2 暗　3 念　4 踏　5 転　6 才　7 必　8 磨　9 始　10 遠

(九)

1 (源・原)　2 (災・採)　3 (生・成)　4 (巡・順)　5 (概・概)

(十)

1 襲来　2 開拓　3 掲載　4 粉飾　5 爆笑　6 透徹　7 到来　8 不屈　9 卑劣　10 矛盾　11 諸般　12 丹誠　13 震　14 傍　15 煮　16 騒　17 浮　18 伺　19 踏　20 濁

第12回 模擬試験 解答

(一)

1 すうはい
2 あくへい
3 くんこう
4 こういつ
5 ちょうぼう
6 しょみん
7 こんせい
8 てってい
9 ちくいち
10 ごいし
11 しょこう
12 こうしょう
13 かんしょう
14 きゅうかん
15 だらく
16 じょうど
17 そうわ
18 しっき
19 かんだい
20 めいがら
21 じゅうせい
22 かもく
23 がんけん
24 みつ
25 くちびる
26 みにく
27 さと
28 え
29 あ
30 とびら

(二)

1 手
2 心
3 勹
4 女
5 石
6 大
7 衣
8 廾
9 糸
10 心

(三)

1 エ(析)
2 オ(跡)
3 イ(責)
4 エ(聖)
5 イ(誠)
6 オ(盛)
7 イ(忠)
8 ウ(仲)
9 ア(衷)
10 エ(祥)
11 ア(沼)
12 オ(症)
13 ア(済)
14 オ(澄)
15 イ(捨)

(四)

1 ウ
2 イ
3 ア
4 ウ
5 エ
6 オ
7 イ
8 ア
9 ウ
10 エ

(五)

1 オ(括)
2 ケ(履)
3 ア(竜)
4 ウ(還)
5 キ(弊)

(六)

1 添加
2 鎮静
3 浪費
4 分散
5 撤去
6 無事
7 傾向
8 制覇
9 看過
10 老練

(七)

1 鋭い
2 勧める
3 濁る
4 扱う
5 惑わさ

(八)

1 高
2 倒
3 千
4 力
5 満
6 退
7 衣
8 兼
9 前
10 金

(九)

1 (政・生)
2 (地・致)
3 (資・施)
4 (証・障)
5 (進・振)

(十)

1 一滴
2 贈与
3 恒久
4 乾季
5 悲惨
6 含蓄
7 経緯
8 驚喜
9 抗争
10 蓄積
11 厳罰
12 代替
13 恵
14 冒
15 柔
16 沢
17 幅
18 悩
19 黙
20 惨

第13回 模擬試験 解答

（一）

1 ちょうえき
2 はっしょう
3 ちょうばつ
4 ゆいしょ
5 こんい
6 はくじん
7 たか
8 ちゅうしん
9 しけいしゅう
10 もさく
11 じょうぞう
12 もぎてん
13 さじき
14 ほさ
15 そそう
16 じゅうぶん
17 しんかん
18 ちせつ
19 けいじ
20 ゆうきゅう
21 けんぎ
22 ちょうじ
23 こうにゅう
24 そそのか
25 から
26 いた
27 は
28 ねこ
29 わ
30 さえぎ

（二）

1 一
2 瓦
3 貝
4 頁
5 殳
6 力
7 二
8 土
9 巾
10 口

（三）

1 エ（庶）
2 オ（署）
3 ウ（処）
4 オ（謡）
5 ウ（溶）
6 ア（腰）
7 ウ（傷）
8 ア（粧）
9 オ（奨）
10 オ（坊）
11 ア（忙）
12 イ（冒）
13 ウ（晴）
14 オ（張）
15 ア（果）

（四）

1 ア
2 ウ
3 イ
4 エ
5 ア
6 イ
7 ウ
8 オ
9 エ
10 イ

（五）

1 ウ（寡）
2 ク（逸）
3 オ（奨）
4 ア（懐）
5 ケ（泰）

（六）

1 祝賀
2 発展
3 軽微
4 古豪
5 浪費
6 熱中
7 座視
8 釈明
9 険悪
10 無口

（七）

1 誤る
2 懐かしむ
3 偉い
4 驚かし
5 壊れる

（八）

1 温
2 衰
3 紫
4 故
5 花
6 同
7 勧
8 骨
9 剛
10 不

（九）

1 （託・拓）
2 （寄・奇）
3 （織・識）
4 （仕・祉）
5 （顧・雇）

（十）

1 歳入
2 盗難
3 鼓舞
4 徴収
5 頑丈
6 強烈
7 砂浜
8 紹介
9 誇張
10 若輩
11 誘致
12 拍車
13 咲
14 彼
15 雄
16 脱
17 澄
18 突
19 躍
20 偉

第14回 模擬試験 解答

(一)

1 ごうけん
2 しょうじょう
3 きゅうだん
4 こんぶ
5 よいやみ
6 しょかつ
7 しゃくい
8 せんたくき
9 ふしょうじ
10 かんぷ
11 ぼんさい
12 だしん
13 ひとがき
14 しょむか
15 じゅうぶん
16 ほうしゅう
17 こうけん
18 かんたい
19 くんとう
20 ふっとう
21 けいこく
22 いっせい
23 げんくん
24 おとしい
25 すす
26 もど
27 まかな
28 ちょ
29 みにく
30 つちか

(二)

1 八
2 糸
3 虫
4 力
5 羽
6 寸
7 刂
8 口
9 彡
10 广

(三)

1 オ(懲)
2 イ(徴)
3 ア(庁)
4 ア(致)
5 イ(痴)
6 オ(値)
7 ウ(淡)
8 エ(嘆)
9 オ(誕)
10 ウ(貸)
11 エ(態)
12 ア(耐)
13 エ(織)
14 イ(推)
15 オ(帯)

(四)

1 イ
2 エ
3 オ
4 ア
5 ウ
6 エ
7 イ
8 ア
9 ウ
10 エ

(五)

1 ケ(診)
2 キ(惰)
3 ア(擬)
4 ウ(奔)
5 オ(禍)

(六)

1 異端
2 粗雑
3 停頓
4 短縮
5 祝賀
6 納得
7 集散
8 竣工
9 果敢
10 発覚

(七)

1 寂しい
2 響く
3 柔らかい
4 詳しい
5 誇り

(八)

1 速
2 尾
3 早
4 半
5 無
6 真
7 得
8 大
9 五
10 四

(九)

1 (検・険)
2 (欲・抑)
3 (働・動)
4 (善・全)
5 (迫・拍)

(十)

1 荒涼
2 発端
3 泥沼
4 確執
5 豪語
6 波紋
7 追憶
8 光沢
9 激突
10 威力
11 柔軟
12 鋭敏
13 忙
14 描
15 与
16 嘆
17 摘
18 眠
19 怖
20 誉

準2級 配当漢字表

337字

この漢字表は、漢字検定準2級で新たに出題される配当漢字３３７字で、五十音順に並べたものです。漢字検定準2級で覚えなければならない漢字は、この配当漢字３３７字を含め、常用漢字１９４５字（平成23年8月現在）です。漢字の読みは、音読みをカタカナで、訓読みをひらがなで表しています。送りがなは細字で示し、（　）の中は、高校で習う読みです。

	漢字	読み	部首	部首名	総画数	漢字の意味	用例
ア	亜	ア	二	に	7	次ぐ・二番目・準じる・すくない・「亜細亜《アジア》」の略	亜聖《あせい》・亜鉛《あえん》・亜熱帯《あねったい》 亜流《ありゅう》・欧亜《おうあ》
イ	尉	イ	寸	すん	11	旧陸海軍や自衛隊の将校の階級の一つ	尉官《いかん》・大尉《たいい》・陸尉《りくい》
	逸	イツ	辶	しんにょう しんにゅう	11	失う・世に知られない・すぐれている・逃がす・はやる	散逸《さんいつ》・逸話《いつわ》・逸材《いつざい》 後逸《こういつ》・逸品《いっぴん》・逸脱《いつだつ》
	姻	イン	女	おんなへん	9	結婚する・結婚によって親類になる・縁組み	婚姻《こんいん》・姻族《いんぞく》・姻戚《いんせき》
	韻	イン	音	おと	19	音の出た後まで聞こえるひびき・詩や歌・おもむき	韻律《いんりつ》・余韻《よいん》・押韻《おういん》 韻文《いんぶん》・音韻《おんいん》・脚韻《きゃくいん》
エ	疫	エキ（ヤク）	疒	やまいだれ	9	流行病・悪性の感染症	疫病《えきびょう》・疫痢《えきり》・検疫《けんえき》 免疫《めんえき》（疫病神《やくびょうがみ》）

	謁	エツ	言	ごんべん	15	まみえる・身分の高い人に会う	謁見《えっけん》・親謁《しんえつ》 内謁《ないえつ》・拝謁《はいえつ》
	猿	エン さる	犭	けものへん	13	さる	犬猿《けんえん》・猿楽《さるがく》 猿知恵《さるぢえ》・類人猿《るいじんえん》
オ	凹	オウ	凵	うけばこ	5	へこみ・くぼみ	凹凸《おうとつ》・凹版《おうはん》・凹面鏡《おうめんきょう》
	翁	オウ	羽	はね	10	男の老人・男の老人の敬称	老翁《ろうおう》・岳翁《がくおう》
	虞	おそれ	虍	とらがしら とらかんむり	13	おそれ・心配	津波《つなみ》の虞《おそれ》がある
カ	渦	(カ) うず	氵	さんずい	12	うず・うずまき・うずをまく・もめごと	(渦中《かちゅう》) 渦潮《うずしお》・渦巻《うずま》き
	禍	カ	礻	しめすへん	13	悪いできごと・ふしあわせ・わざわいする・つみ	禍根《かこん》・禍福《かふく》 災禍《さいか》・舌禍《ぜっか》
	靴	(カ) くつ	革	かわへん	13	革や布などで作ったはきもの	(軍靴《ぐんか》・製靴《せいか》) 靴下《くつした》・革靴《かわぐつ》
	寡	カ	宀	うかんむり	14	少ない・夫や妻をなくした人	寡言《かげん》・寡黙《かもく》 衆寡《しゅうか》・寡婦《かふ》

漢字	読み	部首	部首名	画数	意味	用例
稼	（カ） かせぐ	禾	のぎへん	15	生計をたてるためにはたらく・かせぐ	（稼業《かぎょう》・稼働《かどう》）共稼《ともかせ》ぎ
蚊	か	虫	むしへん	10	昆虫のカ	蚊柱《かばしら》・やぶ蚊《か》 蚊《か》取《と》り線香《せんこう》
拐	カイ	扌	てへん	8	だましとる・だまして連れ出す	誘拐《ゆうかい》・拐帯《かいたい》
懐	カイ （なつかしい） （なつかしむ） （なつく） （なつける） （ふところ）	忄	りっしんべん	16	思う・なつかしむ・なつく・ふところ	懐疑《かいぎ》・懐古《かいこ》・述懐《じゅっかい》 本懐《ほんかい》・懐柔《かいじゅう》・懐妊《かいにん》 （犬《いぬ》が懐《なつ》く・懐刀《ふところがたな》）
劾	ガイ	力	ちから	8	罪をとり調べる・罪を告発する	劾状《がいじょう》・弾劾《だんがい》・劾奏《がいそう》
涯	ガイ	氵	さんずい	11	水ぎわ・きし・かぎり・はて	水涯《すいがい》・生涯《しょうがい》・境涯《きょうがい》 天涯《てんがい》・際涯《さいがい》
垣	かき	土	つちへん	9	しきるための囲い・かきね	垣根《かきね》・石垣《いしがき》 生《い》け垣《がき》・人垣《ひとがき》
核	カク	木	きへん	10	重要点・中心・「核兵器」の略・果実のたね	核心《かくしん》・中核《ちゅうかく》 核実験《かくじっけん》・核質《かくしつ》

殻	カク から	殳	るまた ほこづくり	11	から・外皮・物の表面のかたいおおい	外殻《がいかく》・卵殻《らんかく》・貝殻《かいがら》 地殻《ちかく》・甲殻《こうかく》
嚇	カク	口	くちへん	17	いかる・しかる・おどす	嚇怒《かくど》・威嚇《いかく》・脅嚇《きょうかく》
潟	かた	氵	さんずい	15	遠浅で潮が引くと現れる所・ひがた	干潟《ひがた》
括	カツ	扌	てへん	9	くくる・まとめる・しめくくる・くびれる	括弧《かっこ》・一括《いっかつ》・統括《とうかつ》 包括《ほうかつ》・概括《がいかつ》・総括《そうかつ》
喝	カツ	口	くちへん	11	どなる・おどす・しかる	喝破《かっぱ》・一喝《いっかつ》 恐喝《きょうかつ》・大喝《だいかつ》
渇	(カツ) かわく	氵	さんずい	11	水がなくなる・のどがかわく・熱望する	(渇水《かっすい》・渇望《かつぼう》・飢渇《きかつ》・枯渇《こかつ》) のどが渇《かわ》く
褐	カツ	衤	ころもへん	13	こげ茶色・あらい布の衣服・ぬのこ	褐色《かっしょく》・褐衣《かつい》 茶褐色《ちゃかっしょく》・褐炭《かったん》
轄	カツ	車	くるまへん	17	とりしまる・くさび・とりまとめる	管轄《かんかつ》・所轄《しょかつ》・車轄《しゃかつ》 統轄《とうかつ》・直轄《ちょっかつ》・分轄《ぶんかつ》
且	かつ	一	いち	5	その上に・一方で	遊《あそ》び且《か》つ学《まな》ぶ

缶	カン	缶	ほとぎ	6	ブリキ製の入れもの	缶詰《かんづめ》・空《あ》き缶《かん》 缶《かん》切《き》り・製缶《せいかん》
陥	カン おちいる （おとしいれる）	阝	こざとへん	10	おちこむ・不足する・欠点・ おとしいれる	陥没《かんぼつ》・欠陥《けっかん》・陥落《かんらく》 窮地《きゅうち》に陥《おちい》る・失陥《しっかん》
患	カン （わずらう）	心	こころ	11	わずらう・わざわい・うれえる・患者	疾患《しっかん》・憂患《ゆうかん》・患者《かんじゃ》 患部《かんぶ》（胸《むね》を患《わずら》う）
堪	（カン） たえる	土	つちへん	12	たえる・すぐれる	（堪忍《かんにん》） 聞《き》くに堪《た》えない
棺	カン	木	きへん	12	死者をおさめる箱・ひつぎ	棺《かん》おけ・出棺《しゅっかん》 石棺《せっかん》・納棺《のうかん》
款	カン	欠	あくび かける	12	まごころから親しむ・ 証書などの箇条がき	款待《かんたい》・借款《しゃっかん》・定款《ていかん》 約款《やっかん》・交款《こうかん》・落款《らっかん》
閑	カン	門	もんがまえ	12	しずか・ひま・なおざりにする	閑散《かんさん》・閑静《かんせい》・閑職《かんしょく》 等閑《とうかん》・安閑《あんかん》・閑却《かんきゃく》
寛	カン	宀	うかんむり	13	心がひろくゆとりがある・くつろぐ	寛大《かんだい》・寛厳《かんげん》・寛容《かんよう》 寛厚《かんこう》・寛仁《かんじん》
憾	カン	忄	りっしんべん	16	心残りに思う・うらむ	遺憾《いかん》・憾恨《かんこん》・私憾《しかん》

還	カン	辶	しんにょう しんにゅう	16	もとへもどる・かえる・めぐりもどる	還元《かんげん》・還暦《かんれき》・返還《へんかん》 生還《せいかん》・還付《かんぷ》・帰還《きかん》
艦	カン	舟	ふねへん	21	戦闘に用いる船	艦隊《かんたい》・艦艇《かんてい》・軍艦《ぐんかん》 戦艦《せんかん》・艦船《かんせん》・艦長《かんちょう》
頑	ガン	頁	おおがい	13	かたくな・ゆうずうがきかない・じょうぶ	頑固《がんこ》・頑迷《がんめい》・頑強《がんきょう》 頑健《がんけん》・頑丈《がんじょう》
飢	キ うえる	飠	しょくへん	10	食物がなく腹がへる・穀物が実らない	飢餓《きが》・飢渇《きかつ》 愛《あい》に飢《う》える
宜	ギ	宀	うかんむり	8	よろしい・都合がよい・当然である・…すべきだ	時宜《じぎ》・便宜《べんぎ》・適宜《てきぎ》
偽	ギ いつわる （にせ）	亻	にんべん	11	いつわる・にせもの・うそ	偽善《ぎぜん》・偽証《ぎしょう》・偽造《ぎぞう》・偽名《ぎめい》 学歴《がくれき》を偽《いつわ》る（偽札《にせさつ》）
擬	ギ	扌	てへん	17	まねる・にせる・みせかける・まぎらわしい	模擬《もぎ》・擬音《ぎおん》・擬態《ぎたい》 擬似《ぎじ》・擬作《ぎさく》・擬人《ぎじん》
糾	キュウ	糸	いとへん	9	合わせる・もつれる・ただす	糾合《きゅうごう》・糾明《きゅうめい》・糾弾《きゅうだん》 紛糾《ふんきゅう》・糾問《きゅうもん》
窮	キュウ （きわまる） （きわめる）	穴	あなかんむり	15	きわめる・きわみ・ゆきづまる	窮極《きゅうきょく》・無窮《むきゅう》・窮屈《きゅうくつ》 窮地《きゅうち》（進退《しんたい》窮《きわ》まる）

拒	キョ こばむ	扌	てへん	8	ふせぐ・よせつけない・ことわる	拒絶《きょぜつ》・拒否《きょひ》・拒止《きょし》 要求《ようきゅう》を拒《こば》む・抗拒《こうきょ》
享	キョウ	亠	なべぶた けいさんかんむり	8	身にうける・すすめささげる・ もてなす	享受《きょうじゅ》・享年《きょうねん》・享楽《きょうらく》 享有《きょうゆう》・享持《きょうじ》
挟	（キョウ） はさむ はさまる	扌	てへん	9	はさむ・さしはさむ	（挟撃《きょうげき》・狭攻《きょうこう》）挟殺《きょうさつ》 小耳《こみみ》に挟《はさ》む・狭持《きょうじ》
恭	キョウ （うやうやしい）	⺗	したごころ	10	かしこまって・ つつしんでていねいなさま	恭賀《きょうが》・恭順《きょうじゅん》・恭悦《きょうえつ》 温恭《おんきょう》（恭《うやうや》しい態度《たいど》）
矯	キョウ （ためる）	矢	やへん	17	まっすぐになおす・いつわる・つよい	矯正《きょうせい》・矯激《きょうげき》・矯風《きょうふう》 奇矯《ききょう》（盗癖《とうへき》を矯《た》める）
暁	（ギョウ） あかつき	日	ひへん	12	夜あけ・物事にあかるい・さとる	（暁星《ぎょうせい》・通暁《つうぎょう》）暁光《ぎょうこう》 成功《せいこう》の暁《あかつき》・払暁《ふつぎょう》
菌	キン	艹	くさかんむり	11	キノコやカビの類・ばいきん	菌糸《きんし》・菌類《きんるい》・細菌《さいきん》 雑菌《ざっきん》・殺菌《さっきん》・無菌《むきん》
琴	キン こと	王	おう	12	弦楽器のこと	琴線《きんせん》・琴曲《きんきょく》・木琴《もっきん》 琴歌《ことうた》・弾琴《だんきん》・提琴《ていきん》
謹	キン つつしむ	言	ごんべん	17	かしこまる・ うやまってていねいにする	謹賀《きんが》・謹慎《きんしん》・謹啓《きんけい》 謹《つつし》んで承《うけたまわ》る・謹製《きんせい》

漢字	読み	部首	部首名	画数	意味	用例
襟	（キン）えり	衤	ころもへん	18	衣服のえり・むね・こころの中	（開襟《かいきん》・胸襟《きょうきん》）襟足《えりあし》 襟元《えりもと》・襟章《えりしょう》・襟度《きんど》
吟	ギン	口	くちへん	7	うめく・うたう・詩歌をつくる・深く味わう	吟詠《ぎんえい》・朗吟《ろうぎん》・詩吟《しぎん》 吟味《ぎんみ》・吟唱《ぎんしょう》・吟醸《ぎんじょう》
隅	グウ すみ	阝	こざとへん	12	かど・すみ	辺隅《へんぐう》・一隅《いちぐう》 片隅《かたすみ》・隅隅《すみずみ》
ク 勲	クン	力	ちから	15	国家のためにつくした功績	勲位《くんい》・勲章《くんしょう》・殊勲《しゅくん》 叙勲《じょくん》・勲功《くんこう》・元勲《げんくん》
薫	（クン）かおる	艹	くさかんむり	16	かおる・におう・人を感化する・いぶす	（薫陶《くんとう》・薫製《くんせい》）薫育《くんいく》 風薫《かぜかお》る五月《ごがつ》・薫化《くんか》
ケ 茎	ケイ くき	艹	くさかんむり	8	草のくき・はしら・つか	根茎《こんけい》・歯茎《はぐき》・地下茎《ちかけい》 球茎《きゅうけい》・水茎《みずくき》
渓	ケイ	氵	さんずい	11	谷・谷間を流れる川	渓谷《けいこく》・渓流《けいりゅう》・雪渓《せっけい》 渓間《けいかん》・渓水《けいすい》
蛍	ケイ ほたる	虫	むし	11	昆虫のホタル	蛍光灯《けいこうとう》・蛍雪《けいせつ》 蛍火《ほたるび》・蛍窓《けいそう》
慶	ケイ	心	こころ	15	よろこぶ・めでたいこと・たまもの・ほうび	慶賀《けいが》・慶弔《けいちょう》 慶福《けいふく》・恩慶《おんけい》

傑	ケツ	イ	にんべん	13	すぐれる・才知のすぐれた人物	傑作《けっさく》・傑物《けつぶつ》 豪傑《ごうけつ》・英傑《えいけつ》
嫌	ケン・ゲン きらう いや	女	おんなへん	13	きらう・いやがる・うたがう	嫌煙《けんえん》・嫌疑《けんぎ》 機嫌《きげん》・嫌気《いやけ》
献	ケン コン	犬	いぬ	13	ささげる・酒をすすめる・かしこい人	献身《けんしん》・献酬《けんしゅう》 献立《こんだて》・文献《ぶんけん》
謙	ケン	言	ごんべん	17	へりくだる・うやまう・つつしむ	謙虚《けんきょ》・謙辞《けんじ》 謙譲《けんじょう》・恭謙《きょうけん》
繭	(ケン) まゆ	糸	いと	18	まゆ・きぬいと	(繭糸《けんし》・蚕繭《さんけん》) 山繭《やままゆ》・繭玉《まゆだま》
顕	ケン	頁	おおがい	18	あきらか・あらわれる・ 名声や地位が高い	顕在《けんざい》・顕著《けんちょ》 露顕《ろけん》・顕貴《けんき》
懸	ケン・(ケ) かける かかる	心	こころ	20	かける・つりさげる・ひっかかる・ かけはなれる	懸案《けんあん》(懸念《けねん》) 賞金《しょうきん》を懸《か》ける
弦	ゲン (つる)	弓	ゆみへん	8	弓にはるつる・半月・楽器にはる糸	弦楽《げんがく》・上弦《じょうげん》 (弓《ゆみ》に弦《つる》を張《は》る)
呉	ゴ	口	くち	7	中国の古い国名・大声でいう・ やかましい	呉音《ごおん》・呉服《ごふく》 呉越同舟《ごえつどうしゅう》

碁	ゴ	石	いし	13	ご	碁石《ごいし》・碁盤《ごばん》 囲碁《いご》・碁会《ごかい》
江	コウ え	氵	さんずい	6	大きな川・長江《ちょうこう》のこと	江南《こうなん》・長江《ちょうこう》・江戸《えど》 江河《こうか》・江湖《こうこ》
肯	コウ	肉	にく	8	ききいれる・うなずく	肯定《こうてい》・首肯《しゅこう》・肯諾《こうだく》
侯	コウ	亻	にんべん	9	領主・きみ・爵位のある人	王侯《おうこう》・諸侯《しょこう》・藩侯《はんこう》 侯爵《こうしゃく》・君侯《くんこう》
洪	コウ	氵	さんずい	9	水があふれる・大きい・ひろい	洪水《こうずい》・洪恩《こうおん》・洪業《こうぎょう》
貢	コウ (ク) (みつぐ)	貝	かい こがい	10	みつぐ・すすめる・みつぎもの	貢献《こうけん》・貢租《こうそ》・朝貢《ちょうこう》 (年貢《ねんぐ》・貢《みつ》ぎ物《もの》)
溝	コウ みぞ	氵	さんずい	13	みぞ・水路	海溝《かいこう》・排水溝《はいすいこう》・側溝《そっこう》 溝《みぞ》を掘《ほ》る・下水溝《げすいこう》
衡	コウ	行	ぎょうがまえ ゆきがまえ	16	はかり・よこ・つりあい	均衡《きんこう》・平衡《へいこう》・連衡《れんこう》 度量衡《どりょうこう》・権衡《けんこう》
購	コウ	貝	かいへん	17	代償をはらって手にいれる・買い求める	購入《こうにゅう》・購買《こうばい》 購読《こうどく》・購求《こうきゅう》

拷	ゴウ	扌	てへん	9	打ってせめる・苦痛をあたえる	拷問《ごうもん》
剛	ゴウ	刂	りっとう	10	かたい・力がつよい・さかん・じょうぶである	剛健《ごうけん》・剛直《ごうちょく》・剛柔《ごうじゅう》 内剛外柔《ないごうがいじゅう》・剛胆《ごうたん》
酷	コク	酉	とりへん	14	はげしい・むごい・きびしい	酷暑《こくしょ》・冷酷《れいこく》・残酷《ざんこく》 酷評《こくひょう》・酷使《こくし》・酷似《こくじ》
昆	コン	日	ひ	8	むし・多い・兄・のち・子孫	昆虫《こんちゅう》・昆弟《こんてい》・昆布《こんぶ》
懇	コン（ねんごろ）	心	こころ	17	うちとける・まごころ・ていねい	懇意《こんい》・懇願《こんがん》・懇親《こんしん》 懇切《こんせつ》（懇《ねんご》ろに弔《とむら》う）
佐	サ	亻	にんべん	7	たすける・「将」に次ぐ階級・てつだい	佐官《さかん》・大佐《たいさ》 補佐《ほさ》・佐幕《さばく》
唆	サ（そそのかす）	口	くちへん	10	そそのかす・けしかける	教唆《きょうさ》・示唆《しさ》 （犯罪《はんざい》を唆《そそのか》す）
詐	サ	言	ごんべん	12	いつわる・だます・うそ	詐欺《さぎ》・詐取《さしゅ》・詐称《さしょう》 詐術《さじゅつ》・詐謀《さぼう》
砕	サイ くだく くだける	石	いしへん	9	うちくだく・細かい・くだくだしい	砕身《さいしん》・粉砕《ふんさい》・砕心《さいしん》 腰砕《こしくだ》け・砕氷《さいひょう》

宰	サイ	宀	うかんむり	10	とりしまる・つかさどる・かしら・料理する	宰相《さいしょう》・宰領《さいりょう》 主宰《しゅさい》・宰割《さいかつ》
栽	サイ	木	き	10	苗木を植える・植えこみ	栽培《さいばい》・植栽《しょくさい》・盆栽《ぼんさい》
斎	サイ	斉	せい	11	つつしむ・へや・ものいみする	潔斎《けっさい》・斎場《さいじょう》・書斎《しょさい》 斎会《さいえ》・斎戒《さいかい》
崎	さき	山	やまへん	11	みさき・でばな・けわしい	御前崎《おまえざき》
索	サク	糸	いと	10	なわ・さがしもとめる・ものさびしい・つきる	索条《さくじょう》・索引《さくいん》・捜索《そうさく》 索漠《さくばく》・思索《しさく》・模索《もさく》
酢	サク す	酉	とりへん	12	す・すっぱい	酢酸《さくさん》・甘酢《あまず》・酢《す》の物《もの》 梅酢《うめず》・三杯酢《さんばいず》
桟	サン	木	きへん	10	かけはし・さんばし・たな	桟橋《さんばし》・桟道《さんどう》・桟閣《さんかく》
傘	（サン） かさ	𠆢	ひとやね	12	かさ	（傘下《さんか》・落下傘《らっかさん》） 雨傘《あまがさ》・日傘《ひがさ》・番傘《ばんがさ》
肢	シ	月	にくづき	8	てあし・胴体からわかれ出たもの	肢体《したい》・四肢《しし》 選択肢《せんたくし》・下肢《かし》

嗣	シ	口	くち	13	あとを受けつぐ・あとつぎ	嗣子《しし》・継嗣《けいし》・嫡嗣《ちゃくし》
賜	（シ） たまわる	貝	かいへん	15	身分の高い人が物を与える・めぐむ・いただく	（下賜《かし》・恵賜《けいし》・賜杯《しはい》・恩賜《おんし》）ご意見《いけん》を賜《たまわ》る
滋	ジ	氵	さんずい	12	うるおす・しげる・栄養になる・育てる	滋雨《じう》・滋味《じみ》・滋養《じよう》・滋育《じいく》
璽	ジ	玉	たま	19	天子の印・しるし	璽書《じしょ》・御璽《ぎょじ》・玉璽《ぎょくじ》・国璽《こくじ》・璽符《じふ》・印璽《いんじ》
漆	シツ うるし	氵	さんずい	14	うるし・ぬる・うるしのように黒い	漆器《しっき》・漆黒《しっこく》・乾漆《かんしつ》・漆細工《うるしざいく》・漆工《しっこう》
遮	シャ さえぎる	辶	しんにょう しんにゅう	14	さえぎる・おしとどめる・おおってかくす	遮音《しゃおん》・遮断《しゃだん》・遮光《しゃこう》・進路《しんろ》を遮《さえぎ》る・遮絶《しゃぜつ》
蛇	ジャ・ダ へび	虫	むしへん	11	へび・へびのようにくねったさま	蛇口《じゃぐち》・蛇腹《じゃばら》・蛇足《だそく》・毒蛇《どくへび》・蛇行《だこう》・大蛇《だいじゃ》
勺	シャク	勹	つつみがまえ	3	容積の単位・ひしゃく・くむ	一勺《いっしゃく》
酌	シャク （くむ）	酉	とりへん	10	さけをつぐ・さかもり・くみとる	独酌《どくしゃく》・酌量《しゃくりょう》・晩酌《ばんしゃく》・手酌《てじゃく》（事情《じじょう》を酌《く》む）

爵	シャク	爫 つめかんむり つめがしら	17	貴族の階級をあらわすことば	爵位《しゃくい》・公爵《こうしゃく》・男爵《だんしゃく》 伯爵《はくしゃく》・侯爵《こうしゃく》・叙爵《じょしゃく》
珠	シュ	王 おうへん たまへん	10	たま・美しいもののたとえ	珠算《しゅざん》・真珠《しんじゅ》・珠玉《しゅぎょく》 宝珠《ほうじゅ》・連珠《れんじゅ》
儒	ジュ	亻 にんべん	16	孔子《こうし》の教え・学者	儒学《じゅがく》・儒教《じゅきょう》・儒者《じゅしゃ》 儒家《じゅか》・儒林《じゅりん》
囚	シュウ	囗 くにがまえ	5	とらえる・とりこ・とらわれ人	囚人《しゅうじん》・女囚《じょしゅう》・囚獄《しゅうごく》 脱獄囚《だつごくしゅう》・囚縛《しゅうばく》
臭	シュウ くさい	自 みずから	9	におい・くさい・悪いうわさ	臭覚《しゅうかく》・臭聞《しゅうぶん》・生臭《なまぐさ》い
愁	シュウ (うれえる) (うれい)	心 こころ	13	うれえる・かなしむ	愁嘆《しゅうたん》・愁傷《しゅうしょう》 (将来《しょうらい》を愁《うれ》える)
酬	シュウ	酉 とりへん	13	むくいる・お返しする・酒をすすめる・返事	報酬《ほうしゅう》・応酬《おうしゅう》 献酬《けんしゅう》・貴酬《きしゅう》
醜	シュウ みにくい	酉 とりへん	17	みにくい・けがれ・恥ずかしい行い	醜悪《しゅうあく》・醜態《しゅうたい》・醜《みにく》い争《あらそ》い
汁	ジュウ しる	氵 さんずい	5	しる・つゆ・液体	果汁《かじゅう》・墨汁《ぼくじゅう》・汁粉《しるこ》

充	ジュウ （あてる）	儿	ひとあし にんにょう	6	みちる・みたす・あてる・おぎなう	充実《じゅうじつ》・充足《じゅうそく》 （食費《しょくひ》に充《あ》てる）
渋	ジュウ しぶ・しぶい しぶる	氵	さんずい	11	しぶい・とどこおる・しぶる	苦渋《くじゅう》・渋滞《じゅうたい》 返事《へんじ》を渋《しぶ》る
銃	ジュウ	釒	かねへん	14	てっぽう・じゅう	銃撃《じゅうげき》・銃弾《じゅうだん》・機関銃《きかんじゅう》
叔	シュク	又	また	8	父母の弟、妹・兄弟の順の三番目	叔父《おじ》・叔母《おば》
淑	シュク	氵	さんずい	11	しとやか・よいと思ってしたう・ 善良である	淑女《しゅくじょ》・貞淑《ていしゅく》・私淑《ししゅく》
粛	シュク	聿	ふでづくり	11	つつしむ・ただす	厳粛《げんしゅく》・自粛《じしゅく》・粛清《しゅくせい》 粛然《しゅくぜん》・粛正《しゅくせい》・静粛《せいしゅく》
塾	ジュク	土	つち	14	まなびや・私設の学校・へや	塾舎《じゅくしゃ》・私塾《しじゅく》・塾生《じゅくせい》 学習塾《がくしゅうじゅく》・義塾《ぎじゅく》
俊	シュン	亻	にんべん	9	すぐれる・すぐれた人物	俊傑《しゅんけつ》・俊敏《しゅんびん》・英俊《えいしゅん》 俊才《しゅんさい》・俊秀《しゅんしゅう》・俊足《しゅんそく》
准	ジュン	冫	にすい	10	なぞらえる・次ぐ・ゆるす	准将《じゅんしょう》・批准《ひじゅん》 准看護師《じゅんかんごし》・准可《じゅんか》

殉	ジュン	歹	かばねへん いちたへん がつへん	10	あとを追って死ぬ・生命をなげだす	殉死《じゅんし》・殉教《じゅんきょう》・殉難《じゅんなん》 殉職《じゅんしょく》・殉国《じゅんこく》・殉葬《じゅんそう》
循	ジュン	彳	ぎょうにんべん	12	したがう・めぐる	循環《じゅんかん》・因循《いんじゅん》 循行《じゅんこう》・循守《じゅんしゅ》
庶	ショ	广	まだれ	11	もろもろ・こいねがう 正妻でない女性の生んだ子	庶民《しょみん》・庶務《しょむ》・庶子《しょし》 庶事《しょじ》・嫡庶《ちゃくしょ》
緒	ショ チョ お	糸	いとへん	14	ものごとのはじめ・こころ・ひも	緒戦《しょせん》・由緒《ゆいしょ》・情緒《じょうちょ》 鼻緒《はなお》・一緒《いっしょ》・内緒《ないしょ》
叙	ジョ	又	また	9	順序だててのべる・位につける	叙述《じょじゅつ》・叙勲《じょくん》・叙景《じょけい》 自叙伝《じじょでん》・叙事《じょじ》
升	ショウ ます	十	じゅう	4	のぼる・みのる・ます・容量の単位	升目《ますめ》・一升《いっしょう》
抄	ショウ	扌	てへん	7	ぬきがき・書き写す・かすめとる・紙をすく	抄本《しょうほん》・抄訳《しょうやく》・抄録《しょうろく》 抄紙《しょうし》・抄写《しょうしゃ》・詩抄《ししょう》
肖	ショウ	肉	にく	7	にる・にせる・かたどる・あやかる	肖像《しょうぞう》・不肖《ふしょう》
尚	ショウ	⺌	しょう	8	なお・まだ・重んじる・程度が高い	尚早《しょうそう》・尚古《しょうこ》・高尚《こうしょう》 尚武《しょうぶ》・和尚《おしょう》・好尚《こうしょう》

宵	（ショウ） よい	宀	うかんむり	10	よい・日が暮れてまもないころ	（春宵《しゅんしょう》・徹宵《てっしょう》）宵寝《よいね》 宵越《よいご》し・宵宮《よいみや》
症	ショウ	疒	やまいだれ	10	病気のしるし・病気	症状《しょうじょう》・炎症《えんしょう》・軽症《けいしょう》 重症《じゅうしょう》・症候《しょうこう》
祥	ショウ	礻	しめすへん	10	めでたいこと・きざし・しるし	清祥《せいしょう》・発祥《はっしょう》・吉祥《きっしょう》 不祥事《ふしょうじ》・祥雲《しょううん》
渉	ショウ	氵	さんずい	11	わたる・広く見聞《けんぶん》する・かかわる・あつかう	渉外《しょうがい》・渉猟《しょうりょう》 干渉《かんしょう》・交渉《こうしょう》
訟	ショウ	訁	ごんべん	11	うったえる・あらそう・おおやけ	訴訟《そしょう》・争訟《そうしょう》 訟獄《しょうごく》・訟訴《しょうそ》
硝	ショウ	石	いしへん	12	鉱物の一種・火薬	硝酸《しょうさん》・硝薬《しょうやく》・硝煙《しょうえん》 煙硝《えんしょう》・硝石《しょうせき》
粧	ショウ	米	こめへん	12	よそおう・かざる	化粧《けしょう》・仮粧《けしょう》 粧鏡《しょうきょう》・美粧《びしょう》
詔	ショウ （みことのり）	訁	ごんべん	12	天子の命令・みことのり・つげる	詔書《しょうしょ》・詔勅《しょうちょく》・詔使《しょうし》 恩詔《おんしょう》（国会召集《こっかいしょうしゅう》の詔《みことのり》）
奨	ショウ	大	だい	13	すすめる・すすめ励ます・助ける	推奨《すいしょう》・奨励《しょうれい》 奨学金《しょうがくきん》・勧奨《かんしょう》

彰	ショウ	彡	さんづくり	14	あきらかである・あらわす・あや	顕彰《けんしょう》・表彰《ひょうしょう》 彰功《しょうこう》・彰徳《しょうとく》
償	ショウ つぐなう	亻	にんべん	17	損失を補う・むくいる・つぐない	弁償《べんしょう》・償却《しょうきゃく》・償還《しょうかん》 罪《つみ》を償《つぐな》う・代償《だいしょう》
礁	ショウ	石	いしへん	17	水面に現れていない岩・水底の岩	暗礁《あんしょう》・岩礁《がんしょう》・環礁《かんしょう》 さんご礁《しょう》・座礁《ざしょう》
浄	ジョウ	氵	さんずい	9	きよい・きよめる・けがれがない	浄化《じょうか》・浄土《じょうど》・洗浄《せんじょう》 不浄《ふじょう》・浄財《じょうざい》・清浄《せいじょう》
剰	ジョウ	刂	りっとう	11	あまる・のこり	過剰《かじょう》・余剰《よじょう》 剰員《じょういん》・剰金《じょうきん》
縄	ジョウ なわ	糸	いとへん	15	なわ・すみなわ・ただす・法則・標準	縄文《じょうもん》・準縄《じゅんじょう》・捕縄《ほじょう》 縄張《なわば》り・火縄《ひなわ》
壌	ジョウ	土	つちへん	16	つち・肥える・大地	土壌《どじょう》・豊壌《ほうじょう》 天壌《てんじょう》・壌土《じょうど》
醸	ジョウ （かもす）	酉	とりへん	20	かもす・酒をつくる・ものをつくりだす	醸成《じょうせい》・醸造《じょうぞう》・醸酒《じょうしゅ》 吟醸《ぎんじょう》（物議《ぶつぎ》を醸《かも》す）
津	（シン） つ	氵	さんずい	9	みなと・きし・あふれる	（興味津津《きょうみしんしん》） 津軽《つがる》・津波《つなみ》

漢字	読み	部首	部首名	画数	意味	用例
唇	(シン) くちびる	口	くち	10	くちびる	(紅唇《こうしん》・唇音《しんおん》・読唇術《どくしんじゅつ》) 唇《くちびる》をなめる
娠	シン	女	おんなへん	10	みごもる	妊娠《にんしん》
紳	シン	糸	いとへん	11	教養のある人・身分の高い人	紳士《しんし》・紳商《しんしょう》・貴紳《きしん》
診	シン みる	言	ごんべん	12	病状を調べる・うらなう	診察《しんさつ》・検診《けんしん》・診断《しんだん》 患者《かんじゃ》を診《み》る・診療《しんりょう》
刃	(ジン) は	刀	かたな	3	は・やいば・きる	(凶刃《きょうじん》・自刃《じじん》・刃創《じんそう》・白刃《はくじん》) 刃物《はもの》・両刃《りょうば》
迅	ジン	辶	しんにょう しんにゅう	6	はやい・はげしい	迅速《じんそく》・奮迅《ふんじん》・迅急《じんきゅう》 疾風迅雷《しっぷうじんらい》・迅疾《じんしつ》
甚	(ジン) はなはだ はなはだしい	甘	かん あまい	9	はなはだしい・非常に・度をこす	(甚大《じんだい》・激甚《げきじん》・幸甚《こうじん》・深甚《しんじん》) 甚《はなは》だ残念《ざんねん》だ
帥	スイ	巾	はば	9	ひきいる・したがう・軍をひきいる長	元帥《げんすい》・総帥《そうすい》 統帥《とうすい》
睡	スイ	目	めへん	13	ねむる・ねむり・ねむい	睡魔《すいま》・睡眠《すいみん》・午睡《ごすい》 熟睡《じゅくすい》・仮睡《かすい》

錘	スイ (つむ)	釒	かねへん	16	おもり・ふんどう・つむ・糸をつむぐ道具	錘子《すいし》・鉛錘《えんすい》 紡錘《ぼうすい》
枢	スウ	木	きへん	8	ものごとのかなめ・中心	枢軸《すうじく》・枢機《すうき》・枢密《すうみつ》 中枢《ちゅうすう》・枢要《すうよう》・天枢《てんすう》
崇	スウ	山	やま	11	たかい・あがめる・尊ぶ	崇高《すうこう》・崇拝《すうはい》・尊崇《そんすう》 崇敬《すうけい》・崇信《すうしん》
据	すえる すわる	扌	てへん	11	そのままにしておく・すえる	据《す》え置《お》き・首《くび》が据《す》わる
杉	すぎ	木	きへん	7	すぎ	杉板《すぎいた》・杉皮《すぎかわ》・杉戸《すぎど》 杉折《すぎおり》・杉菜《すぎな》
畝	せ うね	田	た	10	耕地の面積の単位・うね・あぜ	一畝《いっせ》・畝織《うねおり》 畝《うね》づくり
斉	セイ	斉	せい	8	そろえる・そろう・ととのえる・ひとしい	斉唱《せいしょう》・一斉《いっせい》・均斉《きんせい》 整斉《せいせい》・斉民《せいみん》
逝	セイ (ゆく)	辶	しんにょう しんにゅう	10	ゆく・去って行く・人が死ぬ	逝去《せいきょ》・急逝《きゅうせい》・永逝《えいせい》 (若《わか》くして逝《ゆ》く) 長逝《ちょうせい》
誓	セイ ちかう	言	げん	14	かたく約束する・ちかう	誓詞《せいし》・誓約《せいやく》・誓願《せいがん》 神《かみ》に誓《ちか》う・誓文《せいもん》

析	セキ	木	きへん	8	木をさく・こまかくわける・解く・分解する	析出《せきしゅつ》・解析《かいせき》・透析《とうせき》・分析《ぶんせき》
拙	セツ	扌	てへん	8	つたない・へた・自分の謙称	稚拙《ちせつ》・拙速《せっそく》・巧拙《こうせつ》・拙者《せっしゃ》・拙悪《せつあく》・拙宅《せったく》
窃	セツ	穴	あなかんむり	9	ぬすむ・ぬすびと・ひそかに	窃取《せっしゅ》・窃盗《せっとう》・窃笑《せっしょう》・窃視《せっし》
仙	セン	亻	にんべん	5	せんにん・高尚な人・非凡な人	仙人《せんにん》・仙骨《せんこつ》・画仙《がせん》・歌仙《かせん》・仙境《せんきょう》・仙術《せんじゅつ》
栓	セン	木	きへん	10	穴などをふさぐもの・ガス管などの開閉装置	元栓《もとせん》・血栓《けっせん》・給水栓《きゅうすいせん》
旋	セン	方	ほうへん かたへん	11	めぐる・ぐるぐるまわる・うねる・かえる・仲をとりもつ	旋回《せんかい》・旋律《せんりつ》・周旋《しゅうせん》・旋盤《せんばん》・旋風《せんぷう》
践	セン	𧾷	あしへん	13	ふむ・ふみ行う・したがう・位につく	践行《せんこう》・実践《じっせん》・践位《せんい》・履践《りせん》
銑	セン	金	かねへん	14	純度《じゅんど》の低い鉄	銑鉄《せんてつ》・溶銑《ようせん》
遷	セン	辶	しんにょう しんにゅう	15	うつる・うつす・かえる・移り変わる	遷移《せんい》・遷都《せんと》・左遷《させん》・変遷《へんせん》・遷延《せんえん》・遷宮《せんぐう》

薦	セン すすめる	艹	くさかんむり	16	すすめる	推薦《すいせん》・自薦《じせん》・薦挙《せんきょ》 社長《しゃちょう》に薦《すす》める・他薦《たせん》
繊	セン	糸	いとへん	17	細い・うすぎぬ・ほっそりして美しい	繊維《せんい》・化繊《かせん》・合繊《ごうせん》 繊細《せんさい》・繊弱《せんじゃく》・繊毛《せんもう》
禅	ゼン	礻	しめすへん	13	天子が位をゆずる・しずか・天子のまつり	禅譲《ぜんじょう》・禅宗《ぜんしゅう》・座禅《ざぜん》 禅師《ぜんし》・禅僧《ぜんそう》
漸	ゼン	氵	さんずい	14	だんだんと・次第に・ようやく・すすむ	漸次《ぜんじ》・漸増《ぜんぞう》・漸進《ぜんしん》 漸減《ぜんげん》・西漸《せいぜん》
租	ソ	禾	のぎへん	10	ねんぐ・土地を借りる	租税《そぜい》・地租《ちそ》・租界《そかい》 租借《そしゃく》・負租《ふそ》・免租《めんそ》
疎	ソ (うとい) (うとむ)	⻊	ひきへん	12	あらい・おおざっぱ・うとい・親しくない・おろそか	疎開《そかい》・疎遠《そえん》・疎外《そがい》 疎密《そみつ》(世事《せじ》に疎《うと》い)
塑	ソ	土	つち	13	土をこねて形をつくる	塑像《そぞう》・塑造《そぞう》 彫塑《ちょうそ》・可塑性《かそせい》
壮	ソウ	士	さむらい	6	若者・つよい・りっぱなこと	壮健《そうけん》・壮年《そうねん》・強壮《きょうそう》 豪壮《ごうそう》・壮観《そうかん》・壮大《そうだい》
荘	ソウ	艹	くさかんむり	9	おごそか・おもおもしい・別宅・しもやしき	荘厳《そうごん》・荘重《そうちょう》 山荘《さんそう》・別荘《べっそう》

捜	ソウ さがす	扌	てへん	10	さがす・さぐる・さがしもとめる	捜《そう》査《さ》・捜《そう》索《さく》 犯《はん》人《にん》を捜《さが》す
挿	ソウ さす	扌	てへん	10	さす・さしはさむ・さしこむ	挿《そう》入《にゅう》・挿《そう》話《わ》・挿《そう》花《か》 挿《さ》し木《き》・挿《さ》し絵《え》
曹	ソウ	曰	ひらび いわく	11	裁判をつかさどる官・なかま・ 軍隊の階級の一つ	法《ほう》曹《そう》・曹《そう》長《ちょう》 軍《ぐん》曹《そう》・陸《りく》曹《そう》
喪	ソウ も	口	くち	12	も・とむらいの礼・失う・なくす	喪《そう》失《しつ》・大《たい》喪《そう》・喪《も》主《しゅ》 喪《も》中《ちゅう》・喪《そう》心《しん》・喪《も》服《ふく》
槽	ソウ	木	きへん	15	おけ・おけの形をしたもの	水《すい》槽《そう》・浴《よく》槽《そう》 浄《じょう》化《か》槽《そう》・歯《し》槽《そう》
霜	（ソウ） しも	⻗	あめかんむり	17	しも・年月・しものように白い	（星《せい》霜《そう》・霜《そう》毛《もう》・霜《そう》害《がい》・ 秋《しゅう》霜《そう》）初《はつ》霜《しも》・霜《しも》柱《ばしら》
藻	ソウ も	艹	くさかんむり	19	も・水草・あや・美しいことば	藻《そう》類《るい》・海《かい》藻《そう》 文《ぶん》藻《そう》・藻《も》草《ぐさ》
妥	ダ	女	おんな	7	おれあう・ゆずりあう・おだやか	妥《だ》協《きょう》・妥《だ》結《けつ》 妥《だ》当《とう》
堕	ダ	土	つち	12	おちる・おとす・おこたる	堕《だ》胎《たい》・堕《だ》落《らく》

惰	ダ	忄	りっしんべん	12	なまける・ある勢いが続くこと・従来の習慣	怠惰《たいだ》・惰眠《だみん》・惰性《だせい》・惰弱《だじゃく》・惰力《だりょく》
駄	ダ	馬	うまへん	14	荷を負わせる・はきもの・粗悪な	足駄《あしだ》・駄作《ださく》・駄賃《だちん》・駄菓子《だがし》・駄目《だめ》
泰	タイ	氺	したみず	10	やすらか・おちついている・はなはだ	泰然《たいぜん》・泰平《たいへい》・安泰《あんたい》・泰西《たいせい》・泰斗《たいと》・泰山《たいざん》
濯	タク	氵	さんずい	17	あらう・すすぐ	洗濯《せんたく》・濯足《たくそく》
但	ただし	亻	にんべん	7	ただ・それだけ・ただし	但《ただ》し書《が》き
棚	たな	木	きへん	12	たな・かけはし	棚卸《たなおろ》し・書棚《しょだな》・本棚《ほんだな》・棚橋《たなはし》
痴	チ	疒	やまいだれ	13	おろか・色欲に迷う・執着・夢中になる	痴漢《ちかん》・痴態《ちたい》・音痴《おんち》・書痴《しょち》・痴情《ちじょう》・痴話《ちわ》
逐	チク	辶	しんにょう しんにゅう	10	おう・おい払う・順をおう・きそう	逐次《ちくじ》・逐一《ちくいち》・駆逐《くちく》・放逐《ほうちく》・逐条《ちくじょう》・逐電《ちくでん》
秩	チツ	禾	のぎへん	10	順序・地位・役人の俸給《ほうきゅう》	秩序《ちつじょ》・俸秩《ほうちつ》

嫡	チャク	女	おんなへん	14	本妻・本妻の生んだ子・直系の血すじ	嫡子《ちゃくし》・嫡出《ちゃくしゅつ》・嫡孫《ちゃくそん》 家嫡《かちゃく》・嫡男《ちゃくなん》・嫡流《ちゃくりゅう》
衷	チュウ	衣	ころも	9	まごころ・なかほど	衷情《ちゅうじょう》・衷心《ちゅうしん》 苦衷《くちゅう》・折衷《せっちゅう》
弔	チョウ とむらう	弓	ゆみ	4	とむらう・かたよらない	弔辞《ちょうじ》・慶弔《けいちょう》・弔意《ちょうい》 死者《ししゃ》を弔《とむら》う・弔問《ちょうもん》
挑	チョウ いどむ	扌	てへん	9	いどむ・しかける・かかげる	挑戦《ちょうせん》・挑発《ちょうはつ》 強敵《きょうてき》に挑《いど》む
眺	チョウ ながめる	目	めへん	11	ながめる・見わたす・ながめ	眺望《ちょうぼう》・眺覧《ちょうらん》 星《ほし》を眺《なが》める
釣	（チョウ） つる	釒	かねへん	11	魚をつる・つりさげる	（釣果《ちょうか》・釣魚《ちょうぎょ》）釣《つ》り針《ばり》 釣《つ》り合《あ》い・釣《つ》り鐘《がね》
懲	チョウ こりる・こらす こらしめる	心	こころ	18	こらす・こらしめる・こりごりする	懲役《ちょうえき》・懲罰《ちょうばつ》・懲悪《ちょうあく》 失敗《しっぱい》に懲《こ》りる・懲戒《ちょうかい》
勅	チョク	力	ちから	9	天子のことば、命令・いましめる	勅語《ちょくご》・勅命《ちょくめい》・詔勅《しょうちょく》 勅使《ちょくし》・勅旨《ちょくし》
朕	チン	月	つきへん	10	天子の自称	朕《ちん》は国家《こっか》なり

塚	つか	土	つちへん	12	土を高く盛った墓・墓・おか	塚穴《つかあな》・貝塚《かいづか》 一里塚《いちりづか》
漬	つける つかる	氵	さんずい	14	ひたす・つかる・つけものにする	漬物《つけもの》・お茶漬《ちゃづ》け 塩漬《しおづ》け
坪	つぼ	土	つちへん	8	土地の面積の単位・たいらなさま	坪数《つぼすう》・坪庭《つぼにわ》 建坪《たてつぼ》・延《の》べ坪《つぼ》
呈	テイ	口	くち	7	さしだす・さしあげる・あらわししめす	呈上《ていじょう》・謹呈《きんてい》・贈呈《ぞうてい》 露呈《ろてい》・呈示《ていじ》・進呈《しんてい》
廷	テイ	廴	えんにょう	7	政務をとる所・役所・裁判所	宮廷《きゅうてい》・朝廷《ちょうてい》・出廷《しゅってい》 法廷《ほうてい》・閉廷《へいてい》・廷内《ていない》
邸	テイ	阝	おおざと	8	りっぱな住居・やしき	邸宅《ていたく》・官邸《かんてい》・公邸《こうてい》 別邸《べってい》・廷内《ていない》・豪邸《ごうてい》
亭	テイ	亠	なべぶた けいさんかんむり	9	しゅくば・やどや・あずまや・高くそびえる	旅亭《りょてい》・料亭《りょうてい》・池亭《ちてい》 亭主《ていしゅ》・駅亭《えきてい》・泉亭《せんてい》
貞	テイ	貝	かい こがい	9	みさおを守る・ただしい・まこと	貞淑《ていしゅく》・貞節《ていせつ》 貞操《ていそう》・不貞《ふてい》
逓	テイ	辶	しんにょう しんにゅう	10	次から次へと伝え送る・しだいに・代わる	逓信《ていしん》・逓送《ていそう》・逓減《ていげん》 逓増《ていぞう》・逓次《ていじ》・伝逓《でんてい》

偵	テイ	亻	にんべん	11	うかがう・ようすをさぐる・事情をさぐる人	偵察《ていさつ》・探偵《たんてい》・内偵《ないてい》・密偵《みってい》
艇	テイ	舟	ふねへん	13	ふね・こぶね・ボート	艇身《ていしん》・競艇《きょうてい》・舟艇《しゅうてい》・救命艇《きゅうめいてい》・艇庫《ていこ》
泥	(デイ) どろ	氵	さんずい	8	どろ・にごる・正体をなくす・こだわる	(泥酔《でいすい》・泥水《でいすい》・拘泥《こうでい》)泥縄《どろなわ》・泥沼《どろぬま》
迭	テツ	辶	しんにょう しんにゅう	8	かわる・にげる・かわるがわる	更迭《こうてつ》・迭代《てつだい》・迭立《てつりつ》
徹	テツ	彳	ぎょうにんべん	15	つらぬきとおす・夜どおし・とりはらう	徹底《てってい》・徹夜《てつや》・貫徹《かんてつ》・透徹《とうてつ》
撤	テツ	扌	てへん	15	やめる・とりのぞく・ひきあげる	撤回《てっかい》・撤去《てっきょ》・撤退《てったい》・撤兵《てっぺい》・撤収《てっしゅう》・撤廃《てっぱい》
悼	トウ (いたむ)	忄	りっしんべん	11	いたむ・かなしむ	悼辞《とうじ》・哀悼《あいとう》・悼惜《とうせき》・追悼《ついとう》(死《し》を悼《いた》む)
搭	トウ	扌	てへん	12	のる・のせる	搭載《とうさい》・搭乗《とうじょう》
棟	トウ むね (むな)	木	きへん	12	屋根のむね・むなぎ・長い建物を数える語	病棟《びょうとう》・棟上《むねあ》げ(棟木《むなぎ》)

筒	トウ つつ	⺮	たけかんむり	12	つつ・くだ	水筒《すいとう》・封筒《ふうとう》・筒抜《つつぬ》け 円筒《えんとう》・竹筒《たけづつ》
謄	トウ	言	げん	17	うつす・原本を書き写す	謄写《とうしゃ》・謄本《とうほん》・謄録《とうろく》
騰	トウ	馬	うま	20	あがる・のぼる・物価が高くなる	騰貴《とうき》・急騰《きゅうとう》・高騰《こうとう》 沸騰《ふっとう》・暴騰《ぼうとう》・騰勢《とうせい》
洞	ドウ ほら	氵	さんずい	9	ほらあな・ふかい・見とおす	空洞《くうどう》・洞察《どうさつ》 洞穴《ほらあな(どうけつ)》
督	トク	目	め	13	みはる・とがめる・ひきいる・うながす	監督《かんとく》・提督《ていとく》・督励《とくれい》 督促《とくそく》・家督《かとく》・総督《そうとく》
凸	トツ	凵	うけばこ	5	まわりが低く中央がでている	凸版《とっぱん》・凹凸《おうとつ》・凸起《とっき》 凸面鏡《とつめんきょう》・凸《とつ》レンズ
屯	トン	屮	てつ	4	たむろ・とどまって守る	屯営《とんえい》・駐屯《ちゅうとん》・屯集《とんしゅう》 屯田兵《とんでんへい》・屯所《とんしょ》
軟	ナン やわらか やわらかい	車	くるまへん	11	やわらかい・しなやか・よわい	軟球《なんきゅう》・軟派《なんぱ》・軟化《なんか》 軟《やわ》らかい土《つち》・軟禁《なんきん》
尼	(ニ) あま	尸	かばね しかばね	5	あま	(尼僧《にそう》・禅尼《ぜんに》) 尼寺《あまでら》

漢字	読み	部首	部首名	画数	意味	用例
妊	ニン	女	おんなへん	7	みごもる	妊娠《にんしん》・妊婦《にんぷ》 懐妊《かいにん》・避妊《ひにん》
忍	ニン しのぶ しのばせる	心	こころ	7	こらえる・しのぶ・むごい・しのばせる	忍耐《にんたい》・残忍《ざんにん》・忍従《にんじゅう》 人目《ひとめ》を忍《しの》ぶ・堪忍《かんにん》
ネ 寧	ネイ	宀	うかんむり	14	やすらか・ねんごろにする	寧日《ねいじつ》・安寧《あんねい》 丁寧《ていねい》・寧静《ねいせい》
ハ 把	ハ	扌	てへん	7	とる・にぎる・とって・たば	把握《はあく》・把持《はじ》 把手《はしゅ》・一把《いっぱ》
覇	ハ	襾	おおいかんむり	19	はたがしら・武力で天下を従える・優勝する	覇者《はしゃ》・覇業《はぎょう》・覇権《はけん》 制覇《せいは》・覇王《はおう》・覇気《はき》
廃	ハイ すたれる すたる	广	まだれ	12	すてる・やめる・すたれる	廃案《はいあん》・荒廃《こうはい》・廃棄《はいき》 流行《りゅうこう》が廃《すた》れる・廃業《はいぎょう》
培	バイ （つちかう）	土	つちへん	11	やしない育てる・つちかう	培養《ばいよう》・栽培《さいばい》 （草木《くさき》を培《つちか》う）
媒	バイ	女	おんなへん	12	なかだち・なこうど	媒介《ばいかい》・媒酌《ばいしゃく》・触媒《しょくばい》 溶媒《ようばい》・媒体《ばいたい》
賠	バイ	貝	かいへん	15	つぐなう・うめあわせのため代物を払う	賠償《ばいしょう》

伯	ハク	亻	にんべん	7	兄弟で最年長の者・一芸にすぐれた人・かしら	伯兄《はっけい》・伯爵《はくしゃく》・画伯《がはく》・伯仲《はくちゅう》・伯叔《はくしゅく》
舶	ハク	舟	ふねへん	11	ふね・海洋を航行する大きな舟	船舶《せんぱく》・舶来《はくらい》・舶載《はくさい》
漠	バク	氵	さんずい	13	さばく・ひろい・はっきりしないさま・さびしい	砂漠《さばく》・広漠《こうばく》・漠然《ばくぜん》・空漠《くうばく》・荒漠《こうばく》・索漠《さくばく》
肌	はだ	月	にくづき	6	はだ・ひふ・物の表面	肌色《はだいろ》・肌身《はだみ》・素肌《すはだ》・柔肌《やわはだ》・地肌《じはだ》・雪肌《ゆきはだ》
鉢	ハチ （ハツ）	釒	かねへん	13	はち・皿の深く大きいもの	植木鉢《うえきばち》・鉢物《はちもの》・鉢植《はちう》え・鉢巻《はちま》き（衣鉢《いはつ》）
閥	バツ	門	もんがまえ	14	いえがら・てがら・なかま・党派	門閥《もんばつ》・学閥《がくばつ》・財閥《ざいばつ》・派閥《はばつ》
煩	ハン・（ボン） わずらう わずらわす	火	ひへん	13	わずらわしい・苦しみなやむ・わずらう	煩雑《はんざつ》・煩務《はんむ》（煩悩《ぼんのう》）・恋煩《こいわずら》い
頒	ハン	頁	おおがい	13	くばる・分ける・しく・まだら	頒価《はんか》・頒布《はんぷ》・頒白《はんぱく》・頒行《はんこう》
妃	ヒ	女	おんなへん	6	きさき・皇族の妻	王妃《おうひ》・公妃《こうひ》・正妃《せいひ》・妃殿下《ひでんか》・後妃《こうひ》

フ

披	ヒ	扌	てへん	8	ひらく・ひろめる・うちあける	披見《ひけん》・披露《ひろう》・直披《じきひ》 披襟《ひきん》・披閲《ひえつ》・披覧《ひらん》
扉	(ヒ) とびら	戸	とだれ とかんむり	12	とびら・書物のとびら	(鉄扉《てっぴ》・門扉《もんぴ》) 扉《とびら》を開《ひら》く・扉絵《とびらえ》
罷	ヒ	罒	あみがしら あみめ よこめ	15	中止する・職をやめる・つかれる・ 退出する	罷業《ひぎょう》・罷免《ひめん》
猫	(ビョウ) ねこ	犭	けものへん	11	ねこ	(猫額《びょうがく》・愛猫《あいびょう》) 猫舌《ねこじた》・猫背《ねこぜ》
賓	ヒン	貝	かい こがい	15	客人・もてなす・したがう	賓客《ひんきゃく》・貴賓《きひん》・主賓《しゅひん》 来賓《らいひん》・外賓《がいひん》・迎賓《げいひん》
頻	ヒン	頁	おおがい	17	しきりに・しばしば・きれめなく	頻出《ひんしゅつ》・頻度《ひんど》 頻発《ひんぱつ》・頻繁《ひんぱん》
瓶	ビン	瓦	かわら	11	かめ・びん・湯をわかす器	瓶詰《びんづめ》・花瓶《かびん》 鉄瓶《てつびん》・土瓶《どびん》
扶	フ	扌	てへん	7	たすける・力を貸す・ささえる・ 世話をする	扶助《ふじょ》・扶育《ふいく》 扶養《ふよう》・扶翼《ふよく》
附	フ	阝	こざとへん	8	つく・つけ加える・つきしたがう	附記《ふき》・寄附《きふ》・附属《ふぞく》 附随《ふずい》・附加《ふか》・附則《ふそく》

譜	フ	言	ごんべん	19	しるす・つづく・系統図・音楽の譜	譜代《ふだい》・譜図《ふず》・楽譜《がくふ》 系譜《けいふ》・音譜《おんぷ》・年譜《ねんぷ》
侮	ブ （あなどる）	亻	にんべん	8	あなどる・ばかにする・軽んずる	侮言《ぶげん》・侮辱《ぶじょく》・軽侮《けいぶ》 慢侮《まんぶ》（敵《てき》を侮《あなど》る）
沸	フツ わく わかす	氵	さんずい	8	にえたつ・水がわき出る・盛んに起こる	沸騰《ふっとう》・沸点《ふってん》・沸湯《ふっとう》 湯沸《ゆわ》かし・煮沸《しゃふつ》
雰	フン	⻗	あめかんむり	12	気分・ようす・大気・空気	雰囲気《ふんいき》
憤	フン （いきどおる）	忄	りっしんべん	15	いかりもだえる・ふるいたつ・むずがる	憤慨《ふんがい》・憤激《ふんげき》・憤然《ふんぜん》・義憤《ぎふん》 発憤《はっぷん》（不正《ふせい》に憤《いきどお》る）
丙	ヘイ	一	いち	5	十干《じっかん》の第三・ひのえ・第三位	丙種《へいしゅ》 甲乙丙丁《こうおつへいてい》
併	ヘイ あわせる	亻	にんべん	8	ならぶ・両立する・あわせる	併発《へいはつ》・合併《がっぺい》・両市《りょうし》を併《あわ》 せる・併記《へいき》・併合《へいごう》・併殺《へいさつ》
塀	ヘイ	土	つちへん	12	敷地などのさかいにする囲い・かき	板塀《いたべい》・土塀《どべい》
幣	ヘイ	巾	はば	15	ぬさ・通貨・客への贈り物	幣制《へいせい》・幣束《へいそく》・紙幣《しへい》 幣物《へいぶつ》・貨幣《かへい》・造幣《ぞうへい》

弊	ヘイ	廾	こまぬき にじゅうあし	15	やぶれる・悪いこと・謙遜《けんそん》のことば・よわる	弊衣《へいい》・弊害《へいがい》・弊社《へいしゃ》・疲弊《ひへい》・旧弊《きゅうへい》・語弊《ごへい》
偏	ヘン かたよる	亻	にんべん	11	かたよる・片方・漢字の「へん」	偏屈《へんくつ》・不偏《ふへん》・偏愛《へんあい》・偏見《へんけん》・偏食《へんしょく》・偏《かたよ》った考《かんが》え
遍	ヘン	辶	しんにょう しんにゅう	12	広く行き渡る・あまねく・回数を表す語	遍歴《へんれき》・遍路《へんろ》・普遍《ふへん》・一遍《いっぺん》・偏在《へんざい》・満遍《まんべん》
浦	（ホ） うら	氵	さんずい	10	海や湖が入り江になったところ・うら	（曲浦《きょくほ》）浦風《うらかぜ》・浦里《うらさと》・浦人《うらびと》・海浦《かいほ》
泡	ホウ あわ	氵	さんずい	8	あわ	気泡《きほう》・水泡《すいほう》・泡影《ほうえい》・泡《あわ》を食《く》う・泡雪《あわゆき》
俸	ホウ	亻	にんべん	10	ふち・給料	俸給《ほうきゅう》・月俸《げっぽう》・減俸《げんぽう》・年俸《ねんぽう》・本俸《ほんぽう》・加俸《かほう》
褒	（ホウ） ほめる	衣	ころも	15	ほめる・ほめたたえる	（褒賞《ほうしょう》・褒美《ほうび》・褒章《ほうしょう》・褒辞《ほうじ》）褒《ほ》めちぎる
剖	ボウ	刂	りっとう	10	切りさく・切りわける	解剖《かいぼう》・剖検《ぼうけん》
紡	ボウ （つむぐ）	糸	いとへん	10	つむぐ・つむいだ糸	紡績《ぼうせき》・紡錘《ぼうすい》・紡織《ぼうしょく》・混紡《こんぼう》（糸《いと》を紡《つむ》ぐ）

漢字	読み	部首	部首名	画数	意味	用例
朴	ボク	木	きへん	6	すなお・うわべをかざらない・ほおの木	朴直《ぼくちょく》・質朴《しつぼく》・純朴《じゅんぼく》・素朴《そぼく》
僕	ボク	亻	にんべん	14	しもべ・めしつかい・男性の自称の代名詞	下僕《げぼく》・公僕《こうぼく》・僕従《ぼくじゅう》・家僕《かぼく》
撲	ボク	扌	てへん	15	うつ・なぐる・ほろぼす・ぶつかる	撲殺《ぼくさつ》・撲滅《ぼくめつ》・打撲《だぼく》・相撲《すもう》
堀	ほり	土	つちへん	11	地をほる・あな・ほり・掘った川または池	堀端《ほりばた》・外堀《そとぼり》・堀江《ほりえ》・釣《つ》り堀《ぼり》・内堀《うちぼり》
奔	ホン	大	だい	8	勢いよくはしる・にげ出す・おもむく・思うままにする	奔走《ほんそう》・出奔《しゅっぽん》・狂奔《きょうほん》・奔放《ほんぽう》・奔流《ほんりゅう》・奔馬《ほんば》
麻	マ あさ	麻	あさ	11	あさ・しびれる	麻酔《ますい》・麻薬《まやく》・大麻《たいま》・麻糸《あさいと》
摩	マ	手	て	15	こする・みがく・せまる	摩擦《まさつ》・摩滅《まめつ》・摩天楼《まてんろう》・研摩《けんま》
磨	マ みがく	石	いし	16	いしうす・みがく・すりへらす・はげみきわめる	研磨《けんま》・練磨《れんま》・技《わざ》を磨《みが》く・磨滅《まめつ》
抹	マツ	扌	てへん	8	ぬる・こする・けしてなくする・こな	一抹《いちまつ》・抹殺《まっさつ》・抹消《まっしょう》・抹茶《まっちゃ》・抹香《まっこう》・塗抹《とまつ》

ミ	岬	みさき	山	やまへん	8	陸地が海や湖につき出ているところ	岬《みさき》の灯台《とうだい》
メ	銘	メイ	金	かねへん	14	しるす・上等なもの・ 深く心に記憶する	銘菓《めいか》・銘柄《めいがら》・感銘《かんめい》 銘記《めいき》・銘文《めいぶん》
モ	妄	モウ （ボウ）	女	おんな	6	でたらめ・みだりに・いつわり	妄執《もうしゅう》・妄想《もうそう》・妄信《もうしん》 虚妄《きょもう》・妄動《もうどう》（妄言《ぼうげん》）
	盲	モウ	目	め	8	目が見えない・気がつかない・ むやみに行う	盲愛《もうあい》・盲腸《もうちょう》・盲従《もうじゅう》 盲導犬《もうどうけん》・盲信《もうしん》
	耗	モウ （コウ）	耒	すきへん らいすき	10	へる・へらす・おとろえる・つきる	消耗《しょうもう》・損耗《そんもう》 （心神耗弱《しんしんこうじゃく》）
	匁	もんめ	勹	つつみがまえ	4	重さの単位・もんめ	花一匁《はないちもんめ》
ヤ	厄	ヤク	厂	がんだれ	4	わざわい・よくないまわりあわせ	厄年《やくどし》・厄介《やっかい》・後厄《あとやく》 厄運《やくうん》・厄難《やくなん》・災厄《さいやく》
ユ	愉	ユ	忄	りっしんべん	12	たのしい・よろこぶ	愉悦《ゆえつ》・愉快《ゆかい》 愉楽《ゆらく》
	諭	ユ さとす	言	ごんべん	16	いいきかせる・教え導く・さとす・ さとい	教諭《きょうゆ》・説諭《せつゆ》・諭告《ゆこく》 懇懇《こんこん》と諭《さと》す・諭旨《ゆし》

	癒	ユ	疒	やまいだれ	18	病気や傷がなおる・いえる	癒《ゆ》着《ちゃく》・快《かい》癒《ゆ》・治《ち》癒《ゆ》 癒《ゆ》合《ごう》・平《へい》癒《ゆ》
	唯	ユイ (イ)	口	くちへん	11	ただ・それだけ・返事のことば・はい	唯《ゆい》一《いつ》・唯《ゆい》心《しん》 (唯《い》唯《い》諾《だく》諾《だく》)
	悠	ユウ	心	こころ	11	とおい・はるか・ゆったりしている	悠《ゆう》久《きゅう》・悠《ゆう》然《ぜん》・悠《ゆう》長《ちょう》 悠《ゆう》悠《ゆう》・悠《ゆう》遠《えん》・悠《ゆう》揚《よう》
	猶	ユウ	犭	けものへん	12	ためらう・ゆったりしたさま・さながら	猶《ゆう》子《し》・猶《ゆう》予《よ》 猶《ゆう》然《ぜん》
	裕	ユウ	衤	ころもへん	12	ゆたか・ゆとり・ゆるやか・心がひろい	裕《ゆう》福《ふく》・余《よ》裕《ゆう》 富《ふ》裕《ゆう》・寛《かん》裕《ゆう》
	融	ユウ	虫	むし	16	とける・やわらぐ・流用する	融《ゆう》合《ごう》・溶《よう》融《ゆう》・金《きん》融《ゆう》 融《ゆう》資《し》・融《ゆう》解《かい》・融《ゆう》通《ずう》
ヨ	庸	ヨウ	广	まだれ	11	ふつう・もちいる・かたよらない	凡《ぼん》庸《よう》・登《とう》庸《よう》・中《ちゅう》庸《よう》 庸《よう》劣《れつ》・庸《よう》愚《ぐ》
	窯	(ヨウ) かま	穴	あなかんむり	15	陶器を焼くかま・かまど	(窯《よう》業《ぎょう》・窯《よう》変《へん》・陶《とう》窯《よう》) 窯《かま》元《もと》・炭《すみ》窯《がま》
ラ	羅	ラ	罒	あみがしら あみめ よこめ	19	あみ・全部をくるむ・つらねる	網《もう》羅《ら》・羅《ら》列《れつ》・羅《ら》衣《い》 羅《ら》針《しん》盤《ばん》・羅《ら》漢《かん》

酪	ラク	酉	とりへん	13	乳《ちち》を発酵《はっこう》させて作った飲料	酪農《らくのう》・乳酪《にゅうらく》 牛酪《ぎゅうらく》・乾酪《かんらく》
痢	リ	疒	やまいだれ	12	はらをくだすこと	疫痢《えきり》・下痢《げり》 赤痢《せきり》・痢病《りびょう》
履	リ はく	尸	かばね しかばね	15	はきもの・くつをはく・ふむ・経験する・おこなう	履歴《りれき》・履行《りこう》・履修《りしゅう》 靴下《くつした》を履《は》く・弊履《へいり》
柳	リュウ やなぎ	木	きへん	9	やなぎ・しなやかなもののたとえ	柳糸《りゅうし》・川柳《せんりゅう》・柳条《りゅうじょう》 しだれ柳《やなぎ》・花柳《かりゅう》
竜	リュウ たつ	竜	りゅう	10	想像上の動物・天子のたとえ	恐竜《きょうりゅう》・竜神《りゅうじん》・竜王《りゅうおう》 竜巻《たつまき》・竜顔《りゅうがん》・竜宮《りゅうぐう》
硫	リュウ	石	いしへん	12	非金属元素《ひきんぞくげんそ》の一種・いおう	硫安《りゅうあん》・硫酸《りゅうさん》 硫黄《いおう》
虜	リョ	虍	とらがしら とらかんむり	13	とりこ・とりこにする・戦争でいけどりにする	虜囚《りょしゅう》・捕虜《ほりょ》
涼	リョウ すずしい すずむ	氵	さんずい	11	すずしい・さびしいさま	涼風《りょうふう》・荒涼《こうりょう》・涼感《りょうかん》 川辺《かわべ》で涼《すず》む・清涼《せいりょう》
僚	リョウ	亻	にんべん	14	ともがら・なかま・役人	僚友《りょうゆう》・同僚《どうりょう》 閣僚《かくりょう》・官僚《かんりょう》

	寮	リョウ	宀	うかんむり	15	寄宿舎・別荘	寮生《りょうせい》・寮母《りょうぼ》・学寮《がくりょう》 学生寮《がくせいりょう》・茶寮《さりょう》
	倫	リン	亻	にんべん	10	人の行うべき道・順序・たぐい	倫理《りんり》・人倫《じんりん》・不倫《ふりん》 絶倫《ぜつりん》・天倫《てんりん》
ル	累	ルイ	糸	いと	11	かかわり・かさねる・次々と・しきりに	係累《けいるい》・累計《るいけい》・累積《るいせき》 累進《るいしん》・累加《るいか》・家累《かるい》
	塁	ルイ	土	つち	12	とりで・かさねる・野球のベース	塁壁《るいへき》・孤塁《こるい》・堅塁《けんるい》 一塁《いちるい》・残塁《ざんるい》・満塁《まんるい》
レ	戻	(レイ) もどす もどる	戸	とだれ とかんむり	7	もどす・いたる・そむく	(返戻《へんれい》・背戻《はいれい》) 払《はら》い戻《もど》し
	鈴	レイ リン すず	金	かねへん	13	すず・すずのなる音の形容	予鈴《よれい》・風鈴《ふうりん》・鈴懸《すずかけ》 鈴《すず》らん・電鈴《でんれい》
ワ	賄	ワイ まかなう	貝	かいへん	13	金品を贈る・そでの下・まかなう	収賄《しゅうわい》・贈賄《ぞうわい》 会費《かいひ》で賄《まかな》う
	枠	わく	木	きへん	8	かこい・わく・制限	木枠《きわく》・鉄枠《てつわく》・窓枠《まどわく》 枠組《わくぐみ》・枠外《わくがい》・別枠《べつわく》